세상에 대하여
우리가
더잘 알아야 할
교양

41

지은이 | 감수자 소개

글쓴이 **강이든**
한양대학교에서 컴퓨터공학과 교육학을 공부했고, 동 대학원에서 컴퓨터공학 석사학위를 받았습니다. 지금은 '창작기획스튜디오 봄눈'에서 쉽고 재미있는 지식 교양 도서를 비롯한 다양한 콘텐츠 기획을 하고 있습니다. 지은 책으로는 《스마트 기기와 3D》《태극기가 힘차게 펄럭입니다》《생활 속 미스터리 해결사 과학 시크릿》《살면서 꼭 필요한 생활법률》 등이 있습니다.

감수자 **신동희**
성균관대학교에 교수로 재직 중이며 한국HCI학회, 한국정보통신정책학회, 한국미디어경영학회 이사로 활동하고 있습니다. 전문 분야는 인간-컴퓨터 상호작용, 인터랙션, 정보통신정책입니다. 성균관대학교를 졸업하고, 미국 시라큐스 대학에서 석사학위와 박사학위를 취득했습니다. 2006년 Outstanding Researcher, 2012년 SKKU Fellow, 2014년 연구재단 우수학자 등 국내외에서 많은 상을 수상하였습니다. 교육부가 주관한 World Class University 사업에 해외교수로 참여하였고, BK21 플러스 사업단장으로서 다양한 연구 업적을 내고 있습니다.

세상에 대하여 우리가 더 잘 알아야 할 교양

강이든글 | 신동희 감수

41

빅데이터

빅브러더가 아닐까?

내인생의책

차례

※ 본문의 **굵은 글씨**로 표시된 단어는 119페이지 용어 설명에서 찾아보세요.

2011년 3월, 일본의 토호쿠 지방에 사상 최악의 지진이 발생했습니다. 지진이 많이 발생하기로 유명한 일본에서도 유래가 없었던 강력한 지진이었지요. 리히터 규모 9.0의 지진이 한바탕 도시를 휩쓸고 지나가자, 뒤이어 초대형 쓰나미가 몰려왔습니다. 센다이 시를 비롯한 해안 도시들은 덮쳐오는 파도에 순식간에 아수라장이 되었습니다. 도시 곳곳에서 건물이 붕괴되고 대형 화재가 일어났지요. 특히, 지진의 여파로 후쿠시마 현에 위치한 원자력 발전소의 가동이 중단되면서 방사능이 누출되는 큰 피해가 발생했습니다.

그런데 이 참사의 한 가운데에서 새로운 기술이 뜻밖의 힘을 발휘했습니다. 그 기술은 바로 빅데이터 기술입니다. 참혹한 재난 속에서도 사람들은 SNS를 이용해 피해 상황을 공유했어요. 대피소 현황이나 위험 지역 정보 등 다양한 데이터들이 인터넷상에 올라왔고 이렇게 모인 정보들은 사태 수습에 큰 도움이 되었습니다. 그뿐만이 아니었습니다. 빅데이터 분석 결과, SNS에 지진과 관련된 정보가 많이 올라온 지역일수록 피해 상황이 심각하다는 사실을 알 수 있었지요. 그 덕분에 사람들은 피해의 정도에 따라 각 지역에 인력과 자원을 효율적으로 분배할 수 있었습니다.

빅데이터는 흔히 미래를 밝힐 차세대 기술로 평가받고 있습니다. 앞서 살펴본 것처럼 빅데이터 분석을 통하면 재난을 더 효율적으로 수습할 수 있고, 더 나아가 재난에 미리 대비하여 피해를 최소한으로 줄일 수도 있습니다. 더욱이 빅데이터 기술을 적용할 수 있는 분야에는 한계가 없습니다. 현재 빅데이터는 의료, 교통, 패션, 스포츠, 공공 부문 등 다양한 분야에서 그 무한한 활용 가능성을 인정받고 있지요. 앞으로 빅데이터 기술이 지금처럼 계속 발전한다면 우리의 삶은 그 뿌리부터 근본적으로 변화하게 될 것입니다.

한 가지 잊지 말아야 할 점은 새로운 변화를 추구하고 누리는 데는 신중함이 필요하다는 사실입니다. 빅데이터는 수많은 데이터를 한꺼번에 처리하는 기술인만큼 개인 정보 유출과 같은 사회적인 문제를 야기할 수 있는 분야이기도 합니다. 데이터의 활용을 얼마만큼 허락하고 규제해야 하는지에 대한 사회적인 논의가 충분히 이루어지지 않으면 많은 문제점이 드러날 것입니다.

이 책은 이러한 빅데이터의 특성을 진지하게 고민하고 있습니다. 빅데이터의 장점만 부각해서 보여주는 것이 아니라 문제점 또한 짚어서 보여주고 있습니다. 또한 아직은 생소한 분야인 빅데이터의 개념을 명확히 알려주고, 빅데이터의 무궁무진한 활용 가능성을 소개해 청소년 독자의 이해를 돕는 점이 큰 장점입니다. 여러분도 이 책을 읽고 미래의 기술인 빅데이터를 어떻게 활용하면 좋을지, 그 한계를 어떻게 극복하는 것이 좋을지 함께 생각해 보았으면 합니다.

성균관대학교 인터랙션사이언스학과 교수 **신동희**

들어가며 : 새 시대를 여는 데이터의 물결

1980년, 미국의 미래학자 앨빈 토플러는 《제3의 물결(The Third Wave)》이란 책을 출간했습니다. 이 책에서 토플러는 인류 문명을 비약적으로 발전시킨 3가지 물결을 제시했어요. 토플러가 언급한 제1의 물결은 신석기 혁명입니다. 신석기 혁명은 이른바 농업 혁명인데요. 농업 기술 발달이 신석기 혁명의 핵심입니다. 신석기 혁명 덕분에 수렵과 채집에 의존해 살던 인류가 스스로 식량을 생산하며 안정적인 생활을 누리게 되었지요.

제2의 물결은 18세기 후반 영국을 중심으로 일어난 산업 혁명입니다. 산업 혁명은 증기 기관 등 새로운 기계와 기술을 발전시켰고, 면직물, 제철, 석유, 철강, 화학, 전기 등 다양한 산업을 크게 발달시켰지요. 산업 혁명으로 인해 인류는 비약적인 문명의 발전을 이룰 수 있었어요.

마지막으로 토플러가 제시한 제3의 물결은 바로 정보 혁명입니다. 앨빈 토플러는 이 책에서 산업화 시대 다음에는 정보화 시대가 뒤따라온다고 예견했습니다. 토플러의 예견은 정확하게 맞아떨어졌지요. 20세기 후반부터 시작된 정보화 시대는 그 전 시대와는 사회 모습이 크게 달라졌습니다. 컴퓨터와 인터넷의 발달에 힘입어 정보 혁명이라고 불릴 만큼

앨빈 토플러는 《제3의 물결》에서 산업화 시대 다음에는 정보화 시대가 뒤따라온다고 예견했다. 20세기 후반 정보화 시대가 시작되었고 그 전과는 사회가 크게 달라졌다. 컴퓨터와 인터넷의 발달로 정보 혁명이라 불릴 만큼 데이터의 중요성이 강조되기 시작했다.

지식 정보, 즉 데이터의 중요성이 그 어느 때보다 강조되었지요. 우리의 삶은 어느새 데이터를 기반으로 재구성되었습니다. 데이터가 부의 원천이 되었고 남들보다 중요한 데이터를 더 많이 소유한 사람일수록 더 쉽게 많은 부를 얻게 되었습니다. 산업 구조 역시 제조업 중심에서 데이터를 가공 및 처리, 유통하는 정보 산업 중심으로 재편되었어요. 최근 널리 쓰이는 스마트폰과 태블릿 PC 역시 이 같은 정보화 시대의 첨단 기술 발달로 등장한 기기이지요.

진화하는 빅데이터의 세상

우리는 예전에는 상상할 수조차 없었던 신속하고 편리한 삶을 살게 되었습니다. 이제는 궁금한 것이 있으면 도서관에 찾아가기보다 인터넷에서 원하는 정보를 찾습니다. 길을 잘 몰라도 걱정 없습니다. 스마트폰의 지도 어플을 사용하면 처음 가는 길도 척척 찾을 수 있으니까요. 스마트폰 하나만 있으면 즉석에서 사진을 찍고, 블로그나 웹페이지 등에 올려 친구들과 공유할 수도 있습니다. 심지어 우리나라만이 아니라 지구 반대편에 있는 사람하고도 얼마든지 실시간으로 데이터를 주고받을 수 있지요.

'데이터의 홍수'라는 말이 생겨날 만큼 데이터가 폭발적으로 증가하고 있습니다. 이전과는 비교할 수 없을 만큼 수많은 데이터가 축적되고 있지요. 이렇게 폭발적으로 늘어난 수많은 데이터의 모음을 가리켜 우리는 '빅데이터'라고 합니다. 데이터가 나날이 폭발적으로 증가하자 사람들은 많은 데이터를 빠르게 처리할 수 있는 기술을 필요로 하게 되었어요. 또 이렇게 개발된 기술이 데이터의 증가를 더 부추기고 있지요.

수많은 데이터를 더 빠르고 정확하게 처리할 수 있는 기술을 발달시키자 예전에는 상상하지 못했던 일들이 가능해졌어요. 일단 가장 흔하게는 소비자 개인의 취향에 맞는 제품이나 꼭 필요한 서비스를 자동으로 추천하는 일이 가능해졌습니다. 빅데이터는 아직 발생하지 않은 사고나 범죄, 질병의 위험도 미리 예측하여 알려 주기도 합니다. 이미 빅데이터는 정치, 경제, 예술, 복지, 의료 등 다양한 분야에서 활용되고 있으며 획기적인 상과를 이루고 있어요. 기업들은 물론이고 각국 정부도 빅데이터를 본격적으로 활용하고자 발 벗고 나섰습니다.

빅데이터, 미래를 밝힐 신기술

하지만 빅데이터 기술에 과연 장점만 있을까요? 빅데이터 기술이 우리에게 편리하고 풍요로운 삶만을 가져다줄까요? 빅데이터의 활용에 회의적인 사람들은 그 위험성을 경고합니다. 데이터의 양이 폭발적으로 증가하면서 간단한 검색만으로 개인의 생각이나 취미, 행적 등을 알 수 있는 세상이 되었습니다. 이는 다시 말해 아주 쉽게 사생활을 검열 당할 수 있는 환경이 되었다는 말도 됩니다.

물론 어떤 일이든 좋은 면만 존재하지는 않아요. 좋은 면이 있으면 나쁜 면도 있고, 양지가 있으면 음지가 있기 마련이지요. 기술도 마찬가지입니다. 아무리 좋은 기술이라도 사용하는 사람에 따라 얼마든지 나쁜 목적으로 쓰일 수 있습니다. 그렇기 때문에 어떤 기술이든 어떻게 사용하느냐가 중요합니다.

그 누구도 빅데이터의 미래가 어떨지 모릅니다. 빅데이터 시대는 이제 막 시작되었기에 변화의 진폭과 방향을 알 수도 없고, 예측하기도 힘이 듭니다. 과연 빅데이터는 우리를 감시하고 통제하며 억압하는 '빅브러더'가 될까요? 아니면 우리를 더욱더 편리하고 풍요로운 희망의 미래로 인도해 줄까요?

이 책에서는 빅데이터의 정의와 특징, 원리와 기능, 빅데이터가 갖는 양면성을 두루 살펴보고, 빅데이터가 가져올 미래의 모습을 함께 생각해 보고자 합니다. 그 과정에서 우리가 꿈꾸는 희망차고 아름다운 미래를 위해 빅데이터를 어떻게 활용해야 할지 이야기를 나눠 봅시다.

빅데이터란 무엇일까요?

과거에는 기술적 한계와 비용 부담으로 미처 활용하지 못했던 데이터가 엄청나게 많았습니다. 실제로 활용된 데이터보다 버려지는 데이터의 양이 더 많았을 정도지요. 빅데이터의 등장은 숱하게 버려지던 데이터의 재발견이라는 관점에서 중요한 의미와 가치를 갖습니다. 빅데이터의 등장으로 이제껏 손도 대지 못하던 수많은 데이터를 분석함으로써 미래 산업의 새 지평을 열 수 있었지요.

최근 들어 빅데이터가 세상을 변화시키고 있다는 이야기를 TV나 신문, 인터넷 등을 통해 심심치 않게 접할 수 있습니다. 지난 2012년에는 지식경제부가 빅데이터 처리 기술을 IT 10대 핵심 기술 가운데 하나로 선정했지요. 이는 비단 우리나라만의 일이 아닙니다. 2012년 이후로 미국을 비롯한 세계 각국 정부는 빅데이터 처리 기술 연구에 많은 비용을 투자하고 있습니다. 빅데이터 처리 기술은 차세대 IT 핵심 기술로 세계인의 기대와 관심을 모으고 있지요. 대체 빅데이터가 무엇이기에 이토록 전 세계적인 주목을 받는 걸까요? 왜 많은 사람이 빅데이터가 세상을 변화시킬 거라고 말할까요? 만약 빅데이터가 세상을 변화시킨다면 어떤 방식으로 세상을 변화시킬까요?

빅데이터의 정의

데이터란 무엇일까요? 국어사전에서는 '이론을 세우는 데 기초가 되는 자료', '관찰이나 조사를 통해 얻은 사실이나 정보'라고 정의하고 있습니다. IT 쪽에서는 컴퓨터가 처리할 수 있는 문자, 숫자, 소리, 그림 따위의 형태로 된 정보를 데이터라고 명시하지요.

그렇다면 빅데이터란 무엇일까요? 빅데이터는 '크다'의 빅(Big)과 '정보'의 데이터(Data)에서 나온 합성어입니다. 쉽게 말해 아주 큰 데이터, 즉 수많은 데이터의 거대한 모음이라고 할 수 있지요. 정보 통신 기술의 발달로 현대에는 과거보다 더 많고 다양한 데이터가 생겨나고 있습니다. 기존 데이터 처리 기술로는 감당할 수 없을 만큼 양이 많고 복잡한 데이터가 생겨났지요. 이처럼 과거와 달리 엄청나게 복잡하고 무수히 많은 데이터를 모아놓은 거대한 집합체를 가리켜 '빅데이터'라고 합니다.

빅데이터는 차세대 핵심 IT 기술로 전 세계의 주목을 받는 분야입니다. 하지만 빅데이터의 개념을 제대로 알고 정확히 설명할 수 있는 사람은 그리 많지 않습니다. 오히려 빅데이터를 생소하게 느끼는 사람이 대다수이지요. 많은 양의 데이터가 우리에게 어떤 의미이며, 어떤 이득을 가져다줄 수 있을지 전혀 알지 못하는 경우 또한 태반이고요. 왜 그럴까요? 빅데이터 기술이 대부분 기업이나 국가의 주도에 의해 활용되고 있기 때문입니다. 그 때문에 많은 사람이 빅데이터를 단순히 '큰 데이터'라고 알고 있을 뿐이지요.

생각해 보기

빅데이터가 혁신적인 변화를 가져다 줄 것이라 기대하는 사람들이 많습니다. 빅데이터가 세상을 변화시킨다면 어떤 변화들이 생겨날까요? 과연 좋은 변화만 일어날까요?

빅데이터란 수많은 데이터의 거대한 모음을 뜻한다. 그러나 단순히 양만 많다고 해서 빅데이터가 되는 것은 아니다.

하지만 조금만 주의를 기울여 주변을 둘러보면 빅데이터가 이미 우리 삶 속에 깊숙이 들어와 있다는 사실을 알 수 있습니다. 예를 들어 볼까요? 우리가 일상적으로 사용하는 내비게이션이나, 트위터, 페이스북, 인스타그램과 같은 SNS(Social Network Service)를 떠올려 보세요. GPS(Global Positioning System)를 활용한 내비게이션에서는 실시간 교통정보가 오가고, SNS에서는 사진이나 글, 동영상 등이 실시간으로 올라옵니다. 지금 이 순간에도 수없이 많은 정보가 오가고 있지요. 우리가 실시간으로 받아보는 그 모든 정보가 전부 데이터입니다. 우리 속담에 '티끌 모아 태산'이라고 했지요. 비록 아주 작은 데이터일지라도 이 데이터들이 하나하나 모이면 결국 어마어마하게 많은 데이터, 즉 거대한 데이터의 집합체를 이루겠지요. 그것이 바로 빅데이터입니다.

빅데이터의 특징

그런데 빅데이터는 단순히 양만 많은 데이터를 의미하지 않습니다. 우리에게 100만 건의 데이터가 있다고 가정해 볼까요? 한 사람이 100만 건의 데이터를 모두 처리하려면 몇 년이 걸릴지 아무도 모릅니다. 이처럼 개인에게 100만 건의 데이터는 '빅데이터'일 수 있습니다. 하지만 전 세계에 검색 서비스를 제공하는 구글의 경우에는 어떨까요? 놀라지 마세요. 구글은 1분 동안 무려 200만 개에 달하는 검색어를 입력 받고 검색 결과를 사람들에게 제공합니다. 구글에게 100만 건의 데이터는 전혀 큰 데이터가 아니지요.

그렇기 때문에 빅데이터를 정의할 때 단순히 데이터의 양만을 기준으로 삼지는 않습니다. 하지만 그렇다고 빅데이터를 정의 내리는 데에 명확한 기준이 있는 것도 아닙니다. 새롭게 등장한 개념이기 때문에 학자들마다 조금씩 다르게 정의를 내리지요. 빅데이터를 바라보는 시각은 학자마다 다르지만 빅데이터를 정의할 때 **빼놓을** 수 없는 특징들이 있습니다. 그 특징들을 가리켜 3V라고 하는데요. 3V는 다음과 같은 개념입니다.

1) 양, 크기(Volume) : 빅데이터 체계 안에서는 데이터의 양 자체가 기존의 시스템으로 다루지 못할 만큼 많습니다. 일단 빅데이터라면 양이 많아야 합니다.

2) 다양성(Variety) : 빅데이터는 다양한 형태의 데이터가 모여 형성

됩니다. 기록을 남기는 **로그**, 사진이나 비디오, SNS에 쓰는 짧은 글도 모두 빅데이터에 포함된답니다.

3) 속도(Velocity) : 데이터가 만들어지는 속도와 처리되는 속도가 아주 **빨라야** 합니다. 빅데이터는 스마트폰과 같은 기기를 통해 데이터가 아주 빠르게 생성되고 처리되는 특징을 가집니다.

그런데 이 3V로도 빅데이터를 설명하기에 부족하다는 이들도 있습니다. 그래서 추가로 등장한 특징이 있습니다. 바로 정확성(Veracity), 가치(Value), 가변성(Variability)이지요.

1) 정확성(Veracity) : 빅데이터를 제대로 활용하기 위해서는 데이터 사이의 불일치성, 불확실성, 근사값의 부정확성 등과 같이 모호한 데이터를 가려내서 신뢰할 수 있는 데이터를 확보해야 합니다.

2) 가치(Value) : 빅데이터에는 너무 많은 데이터가 존재하고 그 중에는 불필요한 데이터도 존재하기 때문에 유의미한 가치를 얻을 수 있는 데이터를 분별해야 합니다.

3) 가변성(Variability) : 빅데이터 환경에서는 데이터의 형태조차도 급격하게 변화합니다. 빅데이터는 끊임없이 변화하는 체계입니다

이렇듯 빅데이터는 아직까지 온전히 정립된 개념이 아닙니다. 앞으로 빅데이터 분야가 더 발전하면 추가적인 특징이 더해질 수도 있답니다.

빅데이터의 등장

빅데이터란 단어가 처음 등장한 때는 2011년 초였습니다. 당시만 해도 '빅데이터'는 IT 업계에서 막 주목받기 시작한 기술 키워드에 불과했지요. 그러나 빅데이터의 진가가 드러나기까지는 많은 시간이 필요하지 않았습니다. 불과 1년이 지난 2012년, 빅데이터는 전 세계가 주목하는 차세대 핵심 기술로 주목받게 되었으니까요.

IDC, 가트너(Gartner) 등 세계적인 시장조사업체들은 앞다투어 빅데이터를 시장을 뒤흔들 핵심 기술로 선정했습니다. 2012년에 열린 세계경제포럼(다보스 포럼)에서도 '빅데이터'를 중요한 기술로 선정했지요. 미국의 경우, 2012년에 '빅데이터 연구개발 주도권'이란 연구 개발 계획을 발표했습니다. '빅데이터 연구개발 주도권'은 빅데이터 기술을 활성화하고 관

2009   2011   2013

——— 구글 트렌드(시간 흐름에 따른 관심도 변화) : 검색어 '빅데이터'
——— 구글 트렌드(시간 흐름에 따른 관심도 변화) : 검색어 'Big Data'

련 기술을 강화하기 위해 미국의 국방부, 항공우주국(NASA), 국가과학재단 등 다양한 정부 부처들이 총동원된 대규모 프로젝트였어요.

IT 강국인 우리나라 역시 예외는 아니었지요. 우리나라는 2011년 말부터 대통령을 비롯한 정부 부처들이 빅데이터에 관심을 갖고 지속적으로 빅데이터 관련 정책에 대한 논의를 이어 나가고 있습니다. 2013년에는 의료, 과학 기술, 정보 보안, 제조, 소비, 교통 등 6개 분야를 빅데이터 유망 분야로 선정하고, 빅데이터 산업의 집중 육성 및 시장 확대 계획을 발표했습니다. 그뿐만이 아닙니다. 민간 기업에서도 빅데이터를 활용하기 위한 다양한 노력을 아끼지 않고 있습니다. 기업들은 앞다투어 빅데이터 기술 연구에 비용과 인력을 투자하기 시작했어요.

2012년은 가히 '빅데이터의 해'라고 해도 과언이 아닐 정도로 빅데이터가 핫이슈였지요. 국내외 언론은 끊임없이 빅데이터 소식을 다루었고, 전

알아두기

구글 트렌드는 글로벌 검색 서비스 업체인 구글(Google)에서 제공하는 서비스다. 세계 각지의 최신 인기 검색어 순위를 기간 별로 제공하며 그래프와 같은 시각 자료도 지원된다. 다양한 검색 '키워드(Keyword)'를 찾고 분석하는 데 구글 트렌드의 기능이 많이 이용된다. 2013년 12월에 한국을 포함한 필리핀, 베트남, 태국, 말레이시아, 인도네시아 등 34개국의 검색어 순위가 추가돼 총 48개 국가의 최신 급상승 검색어를 확인할 수 있다. 앞으로 더 많은 국가가 추가될 예정이다.

세계 국가와 기업들은 너도나도 빅데이터 연구에 매달렸습니다. 그 결과 다양한 빅데이터 활용 사례들이 속속 등장하기 시작했지요. 자연히 일반 대중 역시 점차 빅데이터에 관심을 갖기 시작했는데요. 이는 당시 구글 트렌드의 '빅데이터' 검색어 그래프(20쪽)에서도 확인할 수 있습니다.

빅데이터와 분석

앞서 이야기했듯 빅데이터라는 개념이 등장한 시기는 불과 몇 년 전인 2011년입니다. 그렇다면 2011년 이전에는 크고 복잡한 데이터가 없었을까요? 물론 있었습니다. 그런데 어째서 2011년에 갑자기 '빅데이터'라는 개념이 등장했고, 겨우 1년이 지난 2012년에는 전 세계적인 핫이슈로 떠올랐을까요?

그 이유는 빅데이터를 처리하고 분석할 수 있는 '기술'이 등장하고 보급된 덕분입니다. 우리 속담에 '구슬이 서 말이라도 꿰어야 보배'라는 말이 있지요. 데이터가 구슬이라면, 데이터를 분석하고 관리하는 기술은 바로 구슬을 꿰어 보배로 만드는 기술입니다.

빅데이터 기술이 개발되기 전만 해도 빅데이터는 애물단지에 불과했습니다. 기존의 데이터 기술로는 빅데이터를 알맞게 분석할 수도 관리할 수도 없었으니까요. 값비싼 다이아몬드도 아름답게 세공해야 비로소 제 값을 받을 수 있지요. 세공하기 전에는 한낱 돌덩어리에 지나지 않아요. 빅데이터가 바로 그렇습니다. 그동안 쌓아만 두고 활용하지 못하던 데이터를 활용할 방법, 즉 빅데이터 기술이 등장하면서 비로소 빅데이터는 무궁무진한 가치를 뽐내기 시작했습니다. 신속하고 정확한 데이터 분석을

전문가 의견

정보 없이도 데이터를 얻을 수는 있다. 그러나 데이터 없이는 정보를 얻기 힘들다.
    – 다니엘 키스 모란 미국의 컴퓨터 프로그래머

통해 빅데이터는 유용한 정보로 탈바꿈했고, 과거에는 실현 불가능했던 일들을 가능하게 만들며 정보 통신 분야의 혁신 트렌드로 자리 잡았지요.

감이 잘 오지 않는다고요? 그럼 일기 예보를 한번 생각해 봅시다. 일기 예보는 쉽게 말해 날씨를 예측하는 일입니다. 오늘의 날씨는 물론이고 며칠 뒤의 날씨를 예상해서 사람들에게 알려 주지요. 기상청에서는 지금까지 기록해 온 날씨 데이터를 현재의 데이터와 비교하고 분석하여 미래의 날씨를 예측합니다. 수십 년 동안 측정해 온 기온, 습도, 기압 등의 데이터와 각 지역의 정보, 세계 곳곳의 날씨 정보 등을 모두 모아 일기 예보를 위한 데이터로 활용하지요. 이렇게 어마어마한 양의 데이터를 분석하여 나온 예상 결과치가 바로 일기 예보입니다. 언뜻 간단해 보이지만 일기 예보는 사실상 엄청나게 많은 데이터를 분석한 결과인 셈이지요. 이러한 까닭에 일기 예보는 빅데이터의 원조라고 불린답니다.

만약 기상청이 날씨 데이터를 쌓아만 두고 분석하지 않는다면 어떻게 될까요? 아무도 내일의 날씨를 예측하지 못하니 적절한 대비도 하지 못하게 되겠지요. 태풍이 오는 줄도 모르고 어민들이 배를 띄웠다가 큰 피해를 입을 수도 있고 계곡으로 놀러 갔다가 갑자기 시작된 장맛비로 위

기상청에서는 방대한 날씨 정보를 저장, 기록하여 미래의 날씨를 예측한다. 그래서 일기예보는 빅데이터의 원조라고 불린다.

험에 처할 수도 있습니다.

결국 데이터는 적절하게 분석된 뒤 사람들에게 유용한 정보로 전달될 때에만 비로소 그 의미와 가치를 갖게 된다고 할 수 있습니다. 분석하지 않고 쌓여만 있는 데이터는 그저 쓰레기에 불과할 뿐이지요.

빅데이터의 등장 배경

빅데이터가 등장하게 된 이유는 크게 두 가지 측면에서 생각해 볼 수 있습니다. 첫 번째는 **하드웨어**와 기술의 발달이고, 두 번째는 새로운 서비스의 등장입니다.

집중탐구 **기상청에서 사용하는 슈퍼컴퓨터**

정확하고 빠른 기상 분석을 위해서는 뛰어난 성능의 슈퍼컴퓨터가 필요하다. 우리나라 기상청 역시 슈퍼컴퓨터를 이용한다. 우리나라 기상 분석에는 현재까지 총 3기의 슈퍼컴퓨터가 이용됐다. 슈퍼컴퓨터 1호기는 1999년부터 2005년까지 이용됐고, 16만 7천명이 1년간 계산해야 할 일을 1초만에 계산할 수 있었다. 슈퍼컴퓨터 2호기는 2005년부터 2012년까지 이용됐고, 1500만명이 1년간 계산할 양을 1초만에 계산할 수 있는 성능을 지녔었다. 2010년부터 현재까지 이용되고 있는 슈퍼컴퓨터 3호기는 2호기에 비해 계산 성능만 40배 이상 빠르다.

근래에 들어 하드웨어가 발달하면서 데이터를 모으고 분석하는 기술이 급속히 발전했습니다. 데이터를 처리하는 데 드는 비용 역시 저렴해졌지요. 데이터를 처리하고 분석하는 대표적인 기기에는 컴퓨터가 있습니다. 컴퓨터는 데이터를 저장할 수 있는 저장 공간(Storage)과 데이터를 처리할 수 있는 **중앙처리장치**(CPU)로 구성됩니다. 저장 공간이 커질수록 더 많은 데이터를 모을 수 있고, CPU의 성능이 좋아질수록 어렵고 복잡한 계산을 빠르게 할 수 있지요. 약 20년 전에 수천억 원을 호가하던 슈퍼컴퓨터의 CPU 성능과 현재 일반 가정에서 흔히 볼 수 있는 100만 원짜리 컴퓨터의 CPU 성능이 비슷하다면 믿을 수 있나요? 요즘에는 개인도 1테라바이트(TB) 크기의 저장 공간을 사용할 정도로 하드웨어가 급격히 발달했어요.

이처럼 발달된 하드웨어와 다양한 IT 기술들이 결합해 스마트폰, 태블릿과 같은 휴대용 기기들이 저렴한 가격에 생산되기 시작했습니다. 누구나 손쉽게 스마트 기기를 구입하고 활용하게 됐지요. 이와 같은 환경은 새로운 인터넷 서비스의 등장을 촉진했습니다. 스마트 기기에 장착된 GPS는 위치 정보를 이용한 다양한 서비스를 등장시켰고요. 무선 통신과 스마트 기기의 뛰어난 휴대성은 시간과 장소 제약 없이 다양한 웹서비스를 누릴 수 있게 만들었지요. 그 덕분에 수요가 폭발적으로 증가한 가장 대표적인 서비스가 SNS입니다. 최근 SNS는 시간과 장소의 제약 없이 누구와도 소통할 수 있는 통로이자 매순간 서로의 정보를 공유하는 장으로 기능합니다. 또한 SNS를 통해 공유하는 글, 이미지, 영상, 링크 등 사용자의 모든 활동은 곧 데이터가 되지요.

기하급수적인 데이터의 증가

GPS 서비스, SNS처럼 개인이 만들어낸 데이터만이 빅데이터를 형성하지는 않습니다. 공장의 여러 기기에 부착된 센서에서 나오는 데이터, 길거리에 설치된 CCTV에 찍힌 영상 등도 모두 데이터거든요. 그 밖에도 새로운 컴퓨터 기술과 결합한 다양한 전자 기기들이 개발되면서 데이터의 양과 종류는 가히 폭발적으로 증가했지요. 지금도 데이터는 엄청난 속도로 늘어나고 있습니다.

2011년 전 세계의 디지털 데이터 양은 대략 1.8제타바이트(ZB)였다고 합니다. 겨우 1년이 지난 2012년의 디지털 데이터 양은 55퍼센트나 증가한 2.8제타바이트에 달했습니다. 더욱 놀라운 사실은 앞으로도 데이터의 증가세는 멈추지 않을 것이며, 2020년에는 전 세계의 디지털 데이터 양이 40제타바이트에 이를 것으로 예상되지요. 40제타바이트는 전 세계 해변의 모래알 수인 7억 20만 조 개의 57배에 해당하는 수치입니다. 이미 전 세계 해변의 모래알 수보다 몇 배나 많은 데이터가 생성되어 있고, 상상할 수 없을 정도의 속도로 데이터가 만들어지고 있습니다. 2005년의 전 세계 디지털 데이터 양이 불과 0.13제타바이트였단 걸 생각하면 '빅데이터'란 단어의 등장이 놀랍지만은 않습니다.

집중탐구 데이터의 단위

- 비트(bit) : 컴퓨터 데이터의 최소 단위로, 0과 1로 표현된다. 하나의 비트로 1 혹은 0만을 표시할 수 있다.
- 1 바이트(Byte)=8bit. 글자나 기호를 표현한다.
- 1 킬로바이트(KB)=1024B   · 1 메가바이트(MB)=1024KB
- 1 기가바이트(GB)=1024MB   · 1 테라바이트(TB)=1024GB
- 1 페타바이트(PB)=1024TB   · 1 엑사바이트(EB)=1024PB
- 1 제타바이트(ZB)=1024EB   · 1 요타바이트(YB)=1024ZB
- 1 브론토바이트(VB)=1024YB   · 1 락시아바이트(RB)=1024VB
- 1 에르키스탄바이트(OB)=1024RB
- 1 큐타바이트(QB)=1024OB
- 1 엑스사인트(XC)=1024QB

알아두기

스토리지 전문 기업인 EMC가 발표한 자료에 따르면, 2011년에 전 세계에서 생성된 디지털 데이터의 양은 1.8 제타바이트(ZB)에 이른다. 1.8 제타바이트는 약 1조 8천억 기가바이트(GB)에 해당 하는 수치다. 이는 우리나라 전 국민이 18만 년 동안 쉬지 않고 1분마다 트위터 글을 3개씩 게시하는 일과 맞먹는다. 또한 2시간이 넘는 HD 영화 2000억 편을 한 사람이 쉬지 않고 4천 700만 년 동안 시청할 분량에 해당한다. 이를 32기가바이트 아이패드에 저장할 경우에는 575억 개의 아이패드가 필요하고, 이는 서울 면적의 2.1배에 해당하는 수량이다.

빅데이터의 진정한 가치

과거에는 기술적 한계와 비용 부담으로 미처 활용하지 못했던 데이터가 엄청나게 많았습니다. 실제로 활용된 데이터보다 버려지는 데이터의 양이 더 많았을 정도지요. 빅데이터의 등장은 숱하게 버려지던 데이터의 재발견이라는 관점에서 중요한 의미와 가치를 갖습니다. 빅데이터의 등장으로 이제껏 손도 대지 못하던 수많은 데이터를 분석함으로써 미래 산업의 새 지평을 열 수 있었지요.

실제로 빅데이터의 활용처는 매우 다양합니다. 빅데이터가 소중한 생명을 구한다는 이야기를 들어본 적이 있나요? 캐나다의 온타리오 공과대학에서는 빅데이터를 이용해 신생아의 생명을 구하고 있습니다. 미숙아로 태어난 아기들은 정상아에 비해 면역력이 현저히 떨어집니다. 그래서 쉽게 병원균에 감염되고, 급격히 상태가 악화되어 목숨을 잃는 경우도 많아요. 의사와 간호사가 아기의 상태를 파악했을 때에는 이미 손을 쓸 수 없는 경우도 많다고 합니다. 조금만 일찍 아기의 상태를 정확하게 알았더라면 소중한 아기의 생명을 구할 수 있었을 상황이 흔했다고 해요.

그래서 온타리오 공과 대학에서는 빅데이터를 활용해 신생아 구하기에 나섰습니다. 우선 센서를 통해 실시간으로 혈압, 체온, 심전도, 혈중 산소 포화도 등 아기의 상태와 관련된 모든 데이터를 빠짐없이 측정했지요. 그렇게 수집한 데이터를 시간 단위로 분석한 결과는 놀라웠습니다. 의사들과 간호사들이 눈으로 확인하던 것보다 24시간가량이나 빨리 미숙아의 이상 징후를 찾아 낼 수 있었거든요. 그 결과 더 빠른 치료를 할 수 있게 되었고, 수많은 미숙아가 제대로 치료받아 건강하게 자랄 수 있었답니다.

알아두기

하루는 24시간이며, 24시간은 1440분이다. 하루의 1/1440인 1분, 즉 60초는 결코 길지 않은 시간이다. 하지만 이 60초 동안 인터넷에서는 엄청난 일들이 일어난다. 구글 검색은 60초 동안 무려 2억 건이 발생한다. 같은 시간 동안 페이스북에서는 1억 8천 건의 '좋아요'가 발생하고, 60초 동안 발생하는 데이터는 무려 350GB에 달한다. 글로벌 오픈 마켓인 아마존은 60초 동안 약 1억 원어치의 물건을 판매한다. 놀랍지 않은가? 하지만 앞으로는 60초 동안 지금까지 일어났던 일보다 더 많은 일들이 일어나게 될 것이다.

이처럼 빅데이터를 이용해 미숙아의 생존율을 급격히 높인 사례는 우리에게 매우 중요한 시사점을 남깁니다. '버려지던 데이터를 활용하여 새롭고 유용한 가치를 발견'한다는 점에서 우리는 빅데이터 처리 기술의 무한한 가능성을 발견할 수 있지요. 빅데이터 기술의 발전은 죽어가는 사람을 살리는 일처럼 지금까지는 불가능했던 기적 같은 일들을 앞으로 더 많이 가져다 줄 것입니다. 우리는 그 가능성에 주목하고 빅데이터 기술의 연구와 개발에 지속적인 관심을 기울여야 합니다.

▎빅데이터는 미숙아의 생명을 구하는 데도 유용하게 사용된다.

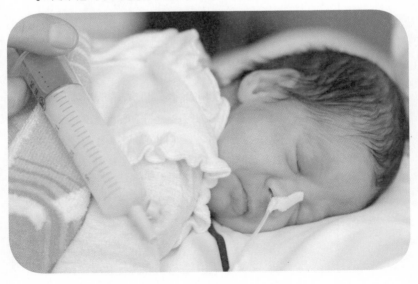

- 빅데이터는 '크다'의 빅(Big)과 '정보'의 데이터(Data)에서 나온 합성어다. 쉽게 말해 아주 큰 데이터, 즉 수많은 데이터의 거대한 모음이라고 할 수 있다.
- 데이터는 적절하게 분석되고 사람들에게 유용한 정보로 전달될 때에 비로소 그 의미와 가치가 있다. 분석하지 않고 쌓여만 있는 데이터는 그저 쓰레기에 불과할 뿐이다.

2
CHAPTER

빅데이터,
어떻게 만들어질까?

데이터 속에는 지금까지 그 누구도 알려 주지 않았던 새로운 사실이 숨어 있습니다. 그렇기 때문에 데이터 분석을 통해 가치 있는 정보를 추출해 내는 과정이 꼭 필요하지요. 빅데이터 역시 마찬가지로, 수많은 데이터를 분석하여 가치 있는 정보를 추출한 결과물을 통해 의사 결정을 하고 미래를 예측합니다.

정보 통신 기술이 발달하면서 국가와 기업뿐 아니라 개인의 일상생활조차 이전에는 상상할 수조차 없었을 만큼 변화했습니다. 특히 스마트폰, 태블릿, PC, 내비게이션 등 최첨단 기기의 보급은 누구나 쉽게 데이터를 접하고 만들어 낼 수 있는 최적의 정보 통신 환경을 가져다주었지요. 과거처럼 데이터를 일방적으로 제공받기만 하던 시대가 아니라 모든 사용자가 데이터를 공유하는 쌍방향 소통이 가능해진 것입니다. 그 덕분에 현재는 데이터 빅뱅이라 불러도 좋을 만큼 어마어마한 데이터 폭증의 시대가 되었습니다. 하지만 데이터가 많다고 무조건 좋은 것은 아닙니다. 무턱대고 많은 데이터가 필요한 게 아니라 데이터를 알맞게 수집하고 분석하여 데이터가 가지는 진정한 의미와 가치를 끌어내는 일이 중요합니다. 마치 돌덩이처럼 보이는 다이아몬드 원석이 아름답고 비싼 다이아몬드로 세공되는 것처럼 무수한 데이터 속에서 숨은 가치를 발굴하는 일이야말로 빅데이터의 진정한 의의입니다.

데이터와 인사이트

빅데이터가 우리에게 중요한 의의를 갖는 가장 큰 이유는 바로 인사이트(Insight)때문입니다. **인사이트**가 뭐냐고요? 우리말로는 통찰력이라고 할 수 있는데요. 빅데이터, 즉 대용량 데이터를 분석하여 가치 있는 정보를 얻어낸 결과를 뜻합니다.

온라인 쇼핑몰의 예를 들어볼까요? 온라인 쇼핑몰에 접속을 하면 가장 먼저 눈에 띄는 것이 있습니다. 새로운 제품의 출시 이벤트나 인기 상품 홍보이지요. 대개 이 같은 상품은 불특정 다수에게 대대적으로 노출시키기 마련입니다. 하지만 최근에는 모두에게 똑같이 제공되는 광고가 아니라 특정 사용자만을 위한 추천 목록이란 것이 생겼습니다. 이런 광고들은 사용자마다 추천되는 상품이 각각 다르기 마련인데요. 어떻게 이런 일이 가능할까요? 그것은 바로 데이터 분석을 통해 얻어낸 인사이트 덕분입니다.

인터넷이 발달하고 온라인 쇼핑이 널리 확산되면서 우리는 직접 발품 파는 수고를 들이지 않고도 집에 편히 앉아 원하는 상품을 구매할 수 있게 되었지요. 온라인 쇼핑몰에 가입하고, 상품을 검색하고, 비교하고, 구매 결정하는 모든 과정이 온라인에서 이루어지면서 데이터화됩니다. 우리의 나이와 성별, 주소와 연락처, 해당 쇼핑몰에서 구매한 상품이 전부 데이터가 되는 것이지요.

어느 온라인 쇼핑몰에서 구매자를 성향별로 A그룹, B그룹, C그룹으로 분류했다고 합시다. 새로운 사용자가 온라인 쇼핑몰에 가입을 했습니다. 이 사용자는 나이, 성별, 지역, 관심사 등이 B그룹에 속한 사용자들과 비슷합니다. 과연 내가 온라인 쇼핑몰 관리자라면 제일 먼저 어떤 일을 할까요? B그룹 사용자들이 구매했던 제품들을 우선적으로 추천해 더 많은 제품을 팔려고 하겠지요. 예전에 구매했던 물품은 물론, 구경만 했던 물건의 데이터, 비슷한 물건을 구매했던 다른 사람의 데이터 등도 이용합니다. 쇼핑몰에 접속한 경로도 파악해 내겠지요. 나도 모르는 사이에 쇼핑 업체는 데이터를 통해 내 취향과 구매 성향 등을 파악하고 적극적으로 마케팅에 나선 셈입니다.

이처럼 데이터 속에는 지금까지 그 누구도 알려 주지 않았던 새로운 사실이 숨어 있습니다. 이제는 수많은 데이터를 분석하여 가치 있는 정보를 추출한 결과물을 통해 의사 결정을 하고 미래를 예측하는 시대가 되었습니다. 이렇게 의사 결정을 하고 미래를 예측할 수 있는 결과물이자 근거, 그것이 빅데이터가 우리에게 제공하는 인사이트입니다.

온라인 쇼핑몰에서는 소비자가 행하는 모든 행동이 데이터로 남는다. 이 같은 데이터는 마케팅에 적극 활용된다.

현재 많은 기업이 고객의 수요 파악, 신제품 개발, 마케팅, 시장 변동 예측 등에 데이터 분석을 적극적으로 이용한다. 데이터 분석을 통해 인사이트를 얻는 것이다. 세계 최대 소매점이자 유통 업체인 월마트(Walmart)는 데이터 분석에 많은 투자를 하는 기업 가운데 하나다.

월마트는 빅데이터를 통해 소비자가 구매하는 상품들 사이에 어떤 연관성이 있는지 알아보고자 했다. 소비자가 상품을 구매할 때 어떤 상품을 함께 구매하는지 구매 패턴을 확인하고 싶었던 것이다. 월마트는 소비자가 구매한 물건들을 분석했다. 그 결과는 놀라웠다. 맥주와 기저귀를 함께 구매하는 사람이 생각보다 많았던 것이다. 월마트의 판매 담당자들은 어리둥절할 수밖에 없었다. 언뜻 생각해 보아도 맥주와 기저귀 사이에는 아무런 상관관계가 없었기 때문이다. 하지만 데이터가 말해 주는 것은 달랐다.

도대체 사람들은 왜 맥주와 기저귀를 같이 샀을까? 이유는 간단했다. 아내의 부탁으로 기저귀를 사러 온 남편들이 자신의 먹을거리로 맥주를 구입한 것이다. 실제로 월마트 본사가 있는 미국의 경우는 집에서 맥주를 즐기는 남성이 많다고 한다. 이 사실을 알게 된 월마트는 기저귀 근처에 맥주를 진열했다. 그 결과, 맥주의 판매량은 늘었고 월마트는 더 많은 매출을 올릴 수 있었다.

이처럼 데이터를 분석하면 새로운 사실을 알아낼 수도 있고 새로운 시도를 할 수도 있다. 기업 입장에서는 무궁무진한 매출의 가능성이 빅데이터 속에 숨어 있는 것이나 마찬가지니 빅데이터 연구에 열을 올리는 것이다.

전문가 의견

기업은 빅데이터를 활용해 누가 임신을 하고, 누가 새 차를 살지 알아낸다. 그것이 최근 기업들이 광고를 하는 새로운 방법이다.

— 더글라스 러쉬코프 미국의 언론인

데이터의 종류

우리가 매일 사용하는 SNS를 생각해 봅시다. 유명 SNS인 페이스북에는 많은 사람이 실시간으로 다양한 글을 올립니다. 글뿐만이 아닙니다. 다양한 이미지, 링크는 물론 영상도 올립니다. 게다가 '좋아요' 버튼을 클릭하거나 다른 사람의 글을 공유하면 관련 데이터가 생성됩니다. 친구가 올린 글이나 사진을 자신의 페이스북 글과 연동할 수도 있습니다.

손쉽게 올리는 페이스북 글 하나에도 많은 종류의 데이터가 존재하지요? 이렇게 많은 데이터를 처리하기 위해서는 데이터를 적절히 분류해야 합니다. 과연 어떤 방식으로 분류할 수 있을까요? 빅데이터를 구성하는 다양한 종류의 데이터는 구조화 정도에 따라 정형(Structured), 반정형(Semi-Structured), 비정형(Unstructured)으로 분류 가능합니다. 이 분류법은 데이터의 형태가 어느 정도로 견고하게 짜여 있는가를 기준으로 합니다.

데이터 유형 분류 내용

유형	특징	데이터 종류
정형 데이터 (Structured)	– RDBMS의 고정된 필드에 저장 – 데이터 스키마 지원	RDB, 스프레드시트
비정형 데이터 (Unstructured)	– 언어 분석이 가능한 텍스트 데이터	소셜 데이터, 문서, 이미지, 오디오, 비디오
	– 형태와 구조가 복잡한 이미지, 동영상 같은 멀티미디어 데이터	
반정형 데이터 (Semi-structured)	– 데이터 속성인 메타데이터를 가지며, 일반적으로 스토리지에 저장되는 데이터 파일	HTML, XML, JSON, 웹문서, 웹로그, 센서 데이터
	– XML 형태의 데이터로 값과 형식이 다소 일관성이 없음	

참조 : Gartner, Credit Suisse 데이터 분류체계를 재구성

정형 데이터

정형 데이터는 데이터 형식이 명확하게 구성되어 있습니다. 관계형 **데이터베이스**나 스프레드시트 등이 대표적인 예지요. 쉽게 말해서, 표를 그려 놓고 채워 넣는 형식의 데이터를 생각하면 됩니다. 정형 데이터는 국가나 회사 같은 큰 조직에서 사용하는 경우가 많습니다. 필요한 데이터를 빠르고 쉽게 처리하기 위해서지요.

예: 고객정보

이름	생년월일	성별	주소	이메일	전화번호
김철수	1991년 1월 1일	남	서울특별시 XXXX	xxx@xxx	02–XXXX
성춘향	1993년 7월 7일	여	전라북도 XXXXXX	ggg@ggg	061–XXXX

앞의 표를 한번 볼까요? 앞의 표는 특정 사이트에 가입하기 위해 기록해야 하는 정보입니다. 정확한 틀이 정해져 있고, 요구하는 정보도 정해져 있습니다. '김철수'와 '성춘향'은 다른 사람이지만 입력하는 정보는 동일하지요. 정형 데이터는 이처럼 명확한 구조를 가지고 있어서 데이터 사이의 연계성을 찾아내기가 쉽습니다. 다양한 데이터의 조합을 만들기도 쉽고요. 따라서 데이터 정렬과 분석을 쉽고 빠르게 할 수 있습니다. 다만 정형 데이터에는 특유의 정해진 틀 때문에 담을 수 있는 정보의 양이 한정된다는 약점이 있습니다.

비정형 데이터

비정형 데이터는 이름에서 알 수 있듯, 명확한 구조를 가지고 있지 않습니다. 데이터에 일관성이 없는 것입니다. 일반 텍스트 데이터나 이미지, 동영상, 음성과 같은 멀티미디어 데이터가 대표적인 비정형 데이터입니다. SNS를 통해 만들어지는 데이터 역시 대부분 비정형 데이터입니다. 비정형 데이터는 통제가 힘들거나 불가능한 데이터지요. 같은 주제의 글을 쓴다고 해도 내용과 형식이 모두 다르니까요.

"제 이름은 김철수입니다. 제 나이는 xx살이고 일 년 중 가장 빠른 날 태어났지요. 전 집 근처에 있는 서울 XXX학교를 다니고 있습니다. 전 스포츠 가운데 축구를 좋아합니다. 같이 축구를 하실 분은 이메일(xxx@xxx)이나 전화번호(02-XXXX)로 연락 주세요."

앞의 글 속에는 '김철수'에 대한 많은 정보가 들어 있습니다. 하지만 앞선 정형 데이터에서 살펴본 정보들을 찾아내기 위해서는 꽤 많은 노력이 필요하지요. 더군다나 '성춘향'이 자기소개를 '김철수'와 같은 방식으로 적을 가능성은 높지 않습니다. 오히려 자기 스타일대로 전혀 다르게 쓸 테니 원하는 정보를 찾아내기가 어렵습니다.

반정형 데이터

반정형 데이터는 정형 데이터와 비정형 데이터의 중간에 속하는 데이터를 통틀어 말합니다. 따라서 정형 데이터와 비정형 데이터가 아닌 데이터는 모두 반정형 데이터라고 할 수 있습니다. 고정된 양식이 있지는 않지만 어느 정도 구조가 정해져 있는 데이터지요. 쉽게 말해 다양한 데이터가 뒤섞여 있는 셈입니다. 로그 데이터, XML이나 HTML 데이터 등이 대표적인 예입니다. 웹사이트에서 사용자가 클릭할 때 발생하는 클릭스트림 데이터도 반정형 데이터입니다. 웹 사이트는 정해진 영역에 텍스트, 이미지 등이 놓여 있지요. 영역이 나눠지고 정해져 있기는 합니다만, 해당 영역에 들어가는 내용은 형태가 다양합니다.

데이터 분석 및 활용 절차

데이터를 이용해 유용한 정보를 찾아내는 일을 '분석'이라고 합니다. 무엇인가를 알고 싶다면, 관련된 데이터를 분석해 숨겨진 패턴이나 관련 요소 등을 추출해 내야 합니다. 기존의 데이터 분석은 데이터를 잘 정리하는 것만으로도 상당히 큰 효과를 거둘 수 있었습니다. 실제 분석에 가

HTML 구문은 대표적인 반정형 데이터다.

장 많이 쓰이는 도구 가운데 하나가 **엑셀**과 같은 스프레드시트 프로그램입니다.

하지만 빅데이터 분석은 데이터를 잘 정리하는 일만으로는 불가능합니다. 데이터가 워낙 많아서 필요한 데이터를 추출해 정리하는 일조차 힘드니까요. 그렇다고 데이터 분석 절차가 크게 변하지는 않습니다. 또한 크던 작던 데이터를 분석해 유용한 정보를 찾아낸다는 목적도 변하지 않습니다.

그렇다면 데이터를 수집해서 분석 가공하는 데에는 어떤 절차가 필요할까요? 데이터 분석의 절차는 크게 데이터 수집, 데이터 저장 및 관리, 데이터 분석 이렇게 3단계로 구분해 볼 수 있습니다.

데이터 수집

데이터 분석을 하려면 분석의 대상이 될 데이터가 필요하겠죠? 데이터 분석의 시작은 당연히 필요한 데이터를 모으는 일, 즉 데이터 수집입니다. 어떤 데이터를 모을지는 데이터를 분석하는 사람의 결정에 달려 있습니다. 세상에 존재하는 모든 데이터를 모아 분석할 수는 없으니까요.

데이터 수집은 데이터를 다루는 첫 단추이므로 아주 중요한 일입니다. 신중하게 판단해야 하지요. 데이터 유형, 보안, 데이터 품질 수준, 수집 주기, 비용 등 다양한 측면을 고려해야 합니다. 어떤 데이터를 어떻게 수집하느냐에 따라 데이터의 품질이 달라지고, 결국 분석의 품질도 달라집니다. 필요 없는 데이터를 수집하면 공간만 차지하고 애물단지가 될 테니까요.

집중탐구 스프레드시트(spreadsheet)

스프레드시트는 '표(시트, sheet) 계산 프로그램'으로 마이크로소프트 사의 '엑셀(Excel)'이 대표적이다. 커다란 표에 다양한 값을 입력하고 계산해 낼 수 있다. 과거 복잡한 프로그래밍을 통해 해결하던 계산을 스프레드시트를 통해 간단하게 할 수 있게 되면서 업무 효율성이 높아졌다. 스프레드시트 프로그램이 발전하면서 현재는 그래프, 자료 관리, 회계, 통계, 예측, 자동화 등 다양한 기능이 추가됐다. 최근에는 온라인에서 스프레드시트 기능을 제공하는 서비스들도 등장했다.

데이터 저장 및 관리

일반적으로 데이터 수집을 통해 모은 데이터를 그대로 저장하지는 않습니다. 데이터를 관리하기 쉽고 분석하기 편하도록 처리해서 저장하지요. 데이터를 저장하기 전에 수집된 데이터에서 불필요한 항목을 제거하기도 하고, 데이터 변환 및 통합 등의 작업도 하지요. 의미 파악이 힘든 비정형 데이터를 더 분석하기 편한 형태로 변환하는 과정도 이 단계에 속합니다.

데이터 처리를 데이터를 수집하고 저장할 때에 하면 시간과 비용을 줄일 수 있어 효과적입니다. 데이터를 가공하고 저장해 관리하는 일은 분석에 들어가는 시간과 노력을 줄여 주고, 데이터를 일관성 있는 형태로 관리할 수 있게 해줍니다. 이때 새로 추가되는 데이터 역시 동일한 과정을 거쳐 관리되어야 하지요.

인물탐구 **팁 버너스 리(Tim Berners Lee)**

영국의 컴퓨터 과학자로 '인터넷의 아버지'로 불리는 인물 중 한 명으로 URL, HTTP, HTML 등 중요 웹 기술의 최초 설계자다. 1980년 CERN(유럽 입자 물리 연구소)에서 HTML의 전신인 인콰이어(Enquire)를 고안해냈고, 이후 HTML 표준화와 보급화에 힘썼다. 1994년 세계적인 웹 표준화 기구인 W3C(Wold Wide Web Consortium)을 창립했다. 지금도 웹의 지속적인 성장을 위해 왕성한 활동을 하고 있다.

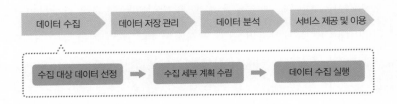

데이터 수집 절차

물론 별다른 가공이나 처리를 하지 않더라도, 비슷한 데이터들끼리 분류해 저장하는 것만으로도 분석에 큰 도움이 됩니다. 데이터 저장 및 관리만 잘해도 데이터 관리 효율성은 물론 분석의 효율을 훨씬 높일 수 있거든요.

데이터 분석

데이터 분석의 궁극적인 목적은 수집 및 저장된 데이터를 분석해 인 사이트를 끌어내는 것입니다. 해결하려는 문제가 있다면 분석 결과를 이 용해 해결 방안을 도출해 낼 수 있지요.

데이터 분석에는 다양한 기법들이 이용됩니다. 분석 용도에 따라 통계, **데이터 마이닝**, **텍스트 마이닝**, SNS 분석 등의 기술을 이용하는데요. 데이터의 성격과 해결하려는 문제에 따라 다양한 방법의 분석 방법이 적용됩니다. 따라서 정확한 데이터 분석을 위해서는 해결하려는 문제를 명확히 정의해야만 합니다. 그다음에 분석 절차와 기법 등을 설정해 본격적인 분석을 진행하기 때문이지요.

데이터 처리 절차

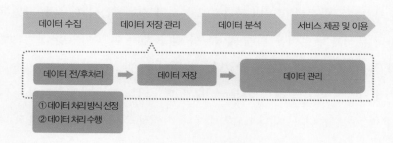

　데이터 분석을 통해 도출된 결과는 다양한 방법으로 활용이 가능합니다. 사실 데이터 분석의 결과는 대부분 숫자로 나타내는 수치입니다. 수십, 수백 개의 수치가 한 눈에 잘 파악될 리 없습니다. 이런 경우 분석 결과를 보다 직관적으로 보여줄 수 있는 시각화(Visualization)를 진행하기도 합니다.

　데이터 분석에서 가장 중요한 목표는 바로 분석의 결과를 활용하는 것입니다. 따라서 분석 결과를 잘 보여 주고 활용할 수 있도록 하는 일도 아주 중요하지요.

데이터 사이언티스트

　'데이터 사이언티스트(Data Scientist)'는 빅데이터와 함께 이슈가 된 단어입니다. 데이터 사이언티스트를 우리말 그대로 번역하면 '데이터 과학자'입니다. 기존의 단어로 말하자면 '분석가'를 의미하지요.

　이미 분석가라는 단어가 존재하는데도 왜 굳이 데이터 사이언티스트란 단어를 사용할까요? 그건 바로 빅데이터의 특성 때문입니다. 기존의 분석가들은 한정된 데이터를 가지고 분석을 진행했습니다. 무슨 말인고 하니 분석가가 분석을 위해 데이터를 받을 때는 이미 다양한 방법으로 깔끔하게 정리된 데이터를 받았다는 뜻입니다.

하지만 빅데이터 분석에서는 이렇게 데이터를 깔끔하게 정리하는 일이 힘들어졌습니다. 왜냐고요? 데이터가 생성되는 원천도 다양하고 데이터의 종류와 형식이 무궁무진해졌기 때문입니다. 게다가 빅데이터 분석은 과거 데이터 분석과 비교할 수 없을 만큼 데이터 양이 어마어마하게 많으니까요.

따라서 데이터를 다루는 통계학적 능력 말고도 프로그래밍과 같은 컴퓨터 공학적 능력이 필요하게 됐습니다. 빅데이터 분석에서는 자신의 생각에 맞춰 데이터를 자유롭게 운용할 수 있는 능력이 기본이 되었지요. 그래서 컴퓨터 공학자를 의미하던 '컴퓨터 사이언티스트'와 같은 '과학자, 공학자'의 의미를 더 부여해 데이터 사이언티스트라는 이름이 생겼습니다.

기존의 분석과 마찬가지로 빅데이터 분석 역시 가설을 세우고, 그 가설이 맞는지 검증하는 과정입니다. 가설을 수립하기 때문에 상상력과 창의력이 필요하지요. 분석의 결과물을 바탕으로 예측 방안을 도출하는 부분도 통찰력과 창의력이 필요합니다. 즉 어느 한 가지 분야의 능력이 아니라 통계, 컴퓨터 공학, 추론 능력 등 다양한 분야의 능력이 총체적으로 결합되어 역량을 발휘할 수 있는 직군이 바로 데이터 사이언티스트입니다.

지금까지 누차 강조했다시피 빅데이터 즉, 많은 데이터만으로는 아무런 의미도 가치도 없습니다. 빅데이터를 분석해야 비로소 진정한 가치를 획득할 수 있지요. 바로 이 빅데이터를 분석할 수 있는 사람이 데이터 사이언티스트입니다. 이제 빅데이터의 등장과 함께 데이터 사이언티스트가 주목받게 된 이유를 알겠지요? 단언컨대 앞으로 활짝 열릴 빅데이터 시대의 가장 빛날 직업은 바로 '데이터 사이언티스트'가 될 것입니다.

데이터 사이언티스트란 통계학적 지식과 컴퓨터 공학적 능력을 바탕으로 데이터를 관리하는 전문적인 직업이다.

- 인사이트란 빅데이터, 즉 대용량 데이터를 분석하여 가치 있는 정보를 추출하여 얻어낸 결과를 뜻한다.
- 빅데이터를 구성하는 다양한 종류의 데이터는 데이터 구조화 정도에 따라 정형(Structured), 반정형(Semi-Structured), 비정형(Unstructured)으로 분류가 가능하다.
- 데이터 분석의 궁극적인 목적은 수집 및 저장된 데이터를 분석해 인사이트를 끌어내는 것이다. 해결하려는 문제가 있다면 분석 결과를 이용해 해결 방안을 도출해 낼 수 있다.
- 과거와 달리 데이터의 양이 엄청나게 늘어나면서 통계학적인 지식과 컴퓨터 프로그래밍 능력을 두루 갖춘 데이터 사이언티스트라는 직업이 새롭게 등장했다.

3

무궁무진한
빅데이터의 세계

빅데이터 활용 사례는 수없이 많습니다. 지금 이 순간에도 빅데이터를 실생활에 적용
한 사례들이 계속해서 생겨나고 있지요. 빅데이터를 활용해 상업적으로 성공을 거둔
다양한 서비스들은 숱한 시행착오를 겪으며 날로 발전하고 있습니다.

과거에는 '독일'이라는 검색어를 입력하면 '독일'이란 단어가 포함된 문장만 주로 검색되었습니다. 하지만 요즘은 다릅니다. 독일의 수도와 정치 제도 같은 다양한 정보들이 함께 검색되지요. 또 출장을 자주 다니는 사람에게는 독일까지 걸리는 비행시간, 추천할 만한 숙소와 같은 맞춤형 정보가 제공됩니다. 이는 사용자가 과거에 검색한 데이터를 분석한 뒤 사용자에게 가장 유용한 정보를 제공할 수 있는 빅데이터 기술이 개발된 덕분이에요.

이러한 빅데이터 처리 기술의 활용은 다양한 분야에 변화를 가져왔습니다. 의료, 정치, 금융, 스포츠, 유통, 의류, 공공 등등 빅데이터 기술이 새롭게 적용된 분야는 셀 수 없이 많지요. 빅데이터가 이끄는 변화는 현재 진행형이며 인류는 앞으로 더욱 큰 변화를 경험하게 될 것입니다.

의료와 빅데이터

의료는 생명 과학과 밀접한 관련이 있습니다. 생물학이나 생명 과학에서 다루는 DNA, RNA, 단백질 서열, 유전자 발현 등이 사람의 생로병사에 큰 영향을 끼치기 때문이지요. 그런데 최근 들어 환자를 치료하거나 병을 예방하는 데 생명 과학과 관련한 빅데이터가 큰 도움을 주고 있습니다. 현재 미국에서는 의료 부문에서 빅데이터를 활용할 경우 연간 3,300억 달러(약 368조 원)가 넘는 큰 비용을 줄일 수 있다고 주장하는 사람들도 있지요.

특히, 미국 의료계에서는 빅데이터 연구에 박차를 가하고 있는데요. 미국 국립암연구소는 10년에 걸쳐 암 환자 2,000여 명의 정보를 빅데이터로 분석했습니다. 환자들의 성별, 나이, 암세포 전이 범위 등과 약물 투여에 따른 암세포의 변화 등을 데이터로 기록했어요. 그 뒤 이러한 데이터를 복합적으로 분석해 환자에게 적절한 치료 방법을 찾으려고 노력했지요. 그 덕분에 미국의 암치료 연구에 가속도가 붙은 것은 두말할 필요가 없습니다.

한편 최근 존스홉킨스 의과 대학에서는 흥미로운 실험을 진행하고 있습니다. 바로 가상 부검 실험입니다. **컴퓨터단층촬영**(CT)을 통해 얻은 데이터를 바탕으로 가상 부검을 하여 죽음의 원인을 밝혀내는 것이지요. 수많은 사람의 가상 부검 실험 데이터는 차곡차곡 모여서 빅데이터가 되고, 이 빅데이터를 통해 수많은 환자가 정확한 진단과 적절한 치료를 받을 수 있게 됩니다.

우리나라 의료계에서도 빅데이터의 활용 가치를 높이 평가하고 있는데요. 실제로 빅데이터를 활용해 희귀병을 치료한 사례가 국내에도 있습니다. 생후 8개월 된 아기가 '**망막모세포종**'이라는 희귀암에 걸렸습니다. '망막모세포종'은 조기에 치료하지 않으면 실명하거나 생명을 잃을 수도 있는 무서운 병입니다. 부모는 아기를 데리고 여러 병원을 찾아다

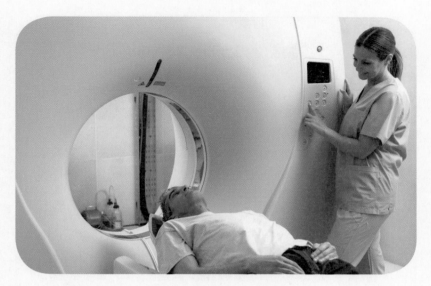

컴퓨터 단층 촬영을 통해 수많은 사람의 데이터를 모아 빅데이터로 활용하는 연구가 현재 활발히 진행 중이다.

넜지만, 대부분 치료가 불가능하고 안구를 적출해야 한다는 진단을 내렸지요. 단 한 군데, S병원만이 안구 적출 대신 약물을 통한 항암 치료를 권했습니다. S병원은 아픈 아기를 검사했고 부모 역시 정밀 검사를 받게 했습니다. 또한 다른 가족들의 병력도 철저히 조사했습니다. 이를 통해 '망막모세포종'과 관련한 가족력이 없다는 점을 확인하고 자신들이 가진 레이저 수술법을 적용했습니다. 그 결과는 놀라웠습니다. '망막모세포종'으로 생명까지 위협받던 아기가 정상 생활이 가능할 정도로 병세가 호전된 것입니다! 단순히 아기의 상태와 질병만으로 판단하지 않고, 병의 진행 상태를 가족의 데이터와 함께 분석한 덕분이었습니다. 이처럼

인간 게놈 프로젝트

게놈(Genom)이란 단어는 유전자를 뜻하는 'Gene'과 염색체를 뜻하는 'Chromosome'에서 유래했다. 게놈은 유전체를 의미하며 게놈 안에는 그 생물의 유전 정보가 모두 담겨 있다. 게놈 안에 들어있는 유전 정보는 그동안 알지 못했던 생명의 미스터리를 해결할 실마리다. 현대 생명 과학 연구에 있어 게놈은 무척 중요한 분야이며, 인간은 물론 다양한 동·식물의 게놈을 해독하는 작업이 이미 완성 됐거나 진행 중이다.

그중 '인간 게놈 프로젝트'는 인간의 유전 정보를 밝혀내는 연구다. 현재 인간 게놈 프로젝트는 빅데이터의 등장으로 더욱 탄력을 받고 있다. 현재까지 완성된 게놈 지도를 빅데이터 분석과 결합하여 더 분석하면, 희귀병의 원인을 밝히고 새로운 치료법을 개발할 수 있을 것이다. 또한 유전병을 미리 예방할 수도 있다. 그뿐이 아니다. 개인마다 다른 유전 정보에 따라 맞춤 의료도 가능해진다.

빅데이터 분석을 통해 환자에게 가장 효과적인 방법으로 치료를 진행하는 경우, 기대 이상의 성과를 얻을 수도 있습니다.

빅데이터 분석 기술이 발달하면서 적절한 치료 방법을 신속히 찾아낼 수 있게 되었고 실시간으로 환자의 건강 상태를 파악하거나 질병을 미리 예방할 수 있게 되었지요. 의료 분야에서의 빅데이터 활용은 이제 시작에 불과합니다. 바야흐로 '예방 의료 시대'가 빅데이터와 함께 찾아오고 있는 셈입니다. 과거에는 급작스러운 심장 질환에 속수무책으로 목숨을

생각해 보기

의료 정보는 개인 정보 중에서도 가장 민감한 정보에 속한다. 대개 사람들은 자신이 어디가 아프고 어떤 치료를 받았는지 공개하고 싶어 하지 않는다. 개인의 사적이고 핵심적인 정보이기 때문이다. 그 때문에 연구를 위한 목적이라 해도 의료 데이터를 수집하는 일은 쉽지 않다. 분명 의료 분야에서 빅데이터의 활용 가치는 엄청날 것이다. 수많은 사람의 목숨을 구하고 병으로부터 자유로운 생활이 가능해질 테니까. 하지만 의료 목적으로 개인의 의료 정보를 자유롭게 활용하는 것이 과연 정당할까? 의료 정보는 개인의 동의 없이 결코 활용돼서는 안 되는 데이터다. 개인 정보와 건강 증진 사이에서 우리는 어떤 선택을 해야 할까?

잃어야했지요. 하지만 빅데이터와 함께하는 예방 의료 시대에는 상황이 완전히 달라집니다. 앞으로는 데이터를 통해 발병 자체를 미리 예측하여 신속하고 적절한 치료를 받을 수 있게 변화할 것입니다.

날씨와 빅데이터

우리나라 옛 이야기 가운데 '우산 장수와 짚신 장수' 이야기가 있습니다. 옛날에 두 아들을 둔 어머니가 있었지요. 한 아들은 우산 장수였고, 다른 아들은 짚신 장수였습니다. 어머니는 해가 쨍쨍한 날에는 우산이 팔리지 않아 걱정했고, 비가 오는 날에는 짚신이 팔리지 않아 걱정했어요. 날씨에 따라 팔리는 물건이 달라지기 때문에 생겨난 걱정이지요.

그런데 이 이야기가 현대에도 적용된다는 사실을 알고 있나요? 요즘도 마찬가지입니다. 더우면 선풍기나 에어컨이 잘 팔리고, 추우면 히터나 난로 같은 난방기구가 잘 팔리지요. 비가 오는 날에는 우산과 장화, 우비가 잘 팔리고요. 햇볕에 쨍쨍한 날에는 차가운 음료수나 아이스크림 등이 잘 팔립니다. 상품 판매와 날씨는 떼려야 뗄 수 없는 관계인 셈입니다.

지금까지 날씨와 상품의 관계는 경험을 토대로 한 추측일 뿐이었습니다. 그런데 데이터를 분석하면서부터는 과학적인 접근이 가능해졌지요. 기업에게는 눈이 번쩍 뜨일 만큼 반가운 소식이 아닐 수 없었어요. 왜냐고요? 상품을 판매하는 기업들에게 가장 큰 부담은 창고에 쌓여 있는 재고입니다. 물건을 많이 만들었는데 팔리지 않고 쌓이기만 한다면 큰 손해를 보게 되니까요. 식품의 경우는 보관 기간도 짧아 더 큰 낭패를 보게됩니다. 그런데 빅데이터를 이용한 날씨 분석은 기업들의 재고 고민을 아주 효과적으로 해결해 주었지요.

이를테면 국내 C편의점 업체는 전국 각지의 편의점을 통해 데이터를 수집하고 관리합니다. 편의점 업체는 이 데이터로 날씨에 따른 매출과 재고량을 분석한 덕분에 물류센터의 재고 보관 기간을 2주일에서 1주일로 반이나 줄였습니다. 삼각 김밥 같은 유통 기한이 짧은 신선 식품의 폐기량도 40퍼센트나 줄일 수 있었지요.

빵을 판매하는 P회사도 빅데이터를 통해 날씨와 제품 판매의 상관성을 분석했습니다. 날씨가 맑고 기온이 27도 이상인 더운 날에는 샌드위치가, 비가 오고 기온이 20도 정도로 쌀쌀한 날에는 피자빵이 잘 팔린다는 결과를 얻었지요. 그 뒤로 P회사는 날씨에 따라 준비하는 빵의 양을 다르게 하여 매출을 높이는 데 꽤 효과를 보았다고 합니다.

비슷한 사례로 기온이 25~30도쯤 되는 더운 날씨에는 아이스크림 매출이 높지만, 30도를 훌쩍 넘어서는 무더위에는 음료의 매출이 훨씬 크다는 분석 결과가 있습니다. 이러한 통계 및 분석을 통해 소비자의 패턴을 파악하고 소비자가 원하는 물건을 손쉽게 구매할 수 있게 하면 매출 신장의 효과가 있지요. 이는 방대한 매출 정보와 날씨 정보를 분석하는 빅데이터 기술이 정교해지면서 나타난 새로운 경영 방법입니다. 이것이 바로 소위 '날씨 마케팅'이라고 불리는 날씨 기반의 경영입니다. 실제로 빅데이터 분석의 결과를 '날씨 판매 지수'로 만들어 활용하는 기업도 늘고 있다고 합니다.

기온이 25~30도쯤 되는 더운 날씨에는 아이스크림이 잘 팔리고, 30도 이상의 무더위에는 음료수의 매출이 더 높다고 한다. 빅데이터를 활용하면 이 같이 소비자의 구매 패턴을 파악할 수 있다.

클라이밋 코퍼레이션

빅데이터는 아웃도어 업체, 항공사나 트럭 운송 업체 등 날씨와 연관성이 큰 사업 분야에서 점점 많이 활용되고 있다. 또한 여러 분야에서 꾸준히 긍정적인 사업성과를 보이고 있다. 특히 농업 분야는 날씨와 밀접한 연관이 있는 산업인 만큼 그 성과도 크다.

세계적인 종자기업 '몬산토'는 2013년 기후 관련 데이터 분석 기업인 '클라이밋 코퍼레이션'을 1조원 가까운 금액으로 인수했다. 강수, 토양, 유전자 등의 빅데이터를 농업에 적용하기 위해서였다. 날씨로 인해 발생하는 변수를 미리 예측할 수 있다면 더 획기적으로 농사를 지을 수 있게 된다. 재배 작물의 선택에서부터 안정적인 수확량 확보에 이르기까지 과학적인 농사법을 적용할 수 있게 되는 것이다. 더불어 클라이밋 코퍼레이션은 농업과 관련한 보험 상품도 판매하는데, 기후 상황에 따라 손해가 발생할 경우 농가에 보험금을 지급하기도 한다.

패션과 빅데이터

빅데이터가 등장하면서 유통 업계에도 커다란 변화가 일어나고 있습니다. 빅데이터 분석을 통해 더 빨리 소비자의 트렌드를 파악할 수 있게 되었거든요. 특히 트렌드에 민감한 패션 분야에서 변화가 두드러지는데요. 글로벌 패션 브랜드인 '엘리 타하리(Elie Tahari)'는 최근 3년 동안의 판매 데이터를 분석해 4개월 뒤의 수요를 예측하고 있습니다. 엘리 타하리의 예측 분석은 90퍼센트 가까이 적중하고 있어 많은 사람의 관심을 받고 있습니

패션에도 빅데이터 바람이 불고 있다. 의류 업체들은 빅데이터를 활용해 최신 유행을
신상품에 반영한다.

다. 패션 분야의 어떤 전문가보다 빅데이터 예측이 더 정확하거든요.

　최근 대중들에게 사랑받는 패스트 패션도 빅데이터와 깊은 관련이 있
습니다. 패스트 패션이란 최신 유행을 반영하기 위해 1~2주 단위로 신
상품을 내놓는 저가의 의류 브랜드를 말하는데요. 이러한 패스트 패션
회사들은 대개 빠른 패션 트렌드에 맞춰 다양한 제품을 생산해 냅니다.
최신 유행을 반영하기 위해 다품종 소량 생산을 하는 겁니다.

　기존의 패션 업체들은 디자이너가 시즌별로 유행에 맞는 디자인을 결
정하고, 그 뒤 생산할 수량을 판단했습니다. 생산량을 잘못 결정하면 모
두 재고로 남아서 골칫거리가 될 수밖에 없었습니다. 하지만 패스트 패

사례탐구 **알막스사의 아이시**

이탈리아의 알막스사는 마네킹을 만드는 회사다. 알막스가 제작한 마네킹 '아이시(EyeSee)'는 일반적인 마네킹과는 전혀 다르다. 아이시에는 쇼핑객들을 관찰하는 기능이 있기 때문이다. 아이시는 카메라를 통해 쇼핑객들의 얼굴을 인식할 수 있다. 성별, 인종, 나이 등 다양한 정보를 파악할 수 있으며 하루 총 방문객, 소비자의 방문 빈도가 많은 시간, 제품을 바라볼 때 소비자의 표정 등을 파악할 수 있다. 이러한 정보들은 제품을 판매하는 사람에게는 아주 소중한 정보다. 빅데이터 시대에는 손님만 마네킹을 관찰하는 게 아니라, 마네킹도 손님을 관찰하고 있는 셈이다.

션 업체들은 유행을 빠르게 포착해 가장 최신의 패션 제품을 만들어 냅니다. 유행에 민감하게 반응해야 하므로 소량의 제품만 생산하지요. 그러다 특정 제품이 인기를 끌게 되면 그 제품만 신속하게 추가 생산하는 방식으로 재고 관리를 합니다.

그러다 보니 패스트 패션 업체들의 빅데이터 사랑은 대단합니다. 패스트 패션 업체들은 전 세계에 퍼져 있는 판매점들의 데이터를 모으고 SNS를 이용해 트렌드를 읽어 내는 방법으로 전 세계 공급망을 관리하지요. 이 모든 과정은 거의 실시간으로 이루어집니다. 그 덕분에 패스트 패션 업체들은 남보다 빠르게 유행하는 패션 스타일을 파악하고 대응할 수 있습니다. 그뿐만이 아닙니다. 전 세계 매장의 판매량과 재고 데이터 분석은 물론이고 물류 시스템을 통제하는 데까지 빅데이터를 활용하고 있어요. 그로 인해 더 빠르게 상품을 제작하고 유통할 수 있게 되었지요.

정치와 빅데이터

미국의 제44대 대통령인 버락 오바마는 빅데이터를 이용해 재선에 성공한 것으로 유명합니다. 어떻게 빅데이터를 선거에 이용했느냐고요? 버락 오바마의 선거 캠프는 선거를 준비하는 동안 유권자의 다양한 정보를 수집했습니다. 인종, 나이, 종교, 가구 형태, 소득 수준 등의 기본 인적 사항뿐 아니라 과거 투표 여부, 구독하는 잡지, 좋아하는 음료 등까지 파악했습니다. 전화, 방문, SNS 등 다양한 경로를 통해 유권자의 데이터를 수집했지요.

오바마 선거 캠프는 이렇게 수집한 데이터를 분석해 '유권자 맞춤형 선거 전략'을 수립했습니다. 어떤 유권자가 어떤 선거 공약과 어떤 전달 방식을 좋아하는지 철저하게 분석하여 유권자들의 생각을 객관적으로 파악하려고 애썼습니다. 그리고 유권자의 마음을 움직일 수 있는 선거 전략을 짰지요. 대표적인 예로 할리우드에서 열린 정치 후원금 모금 디너파티의 성공이 있지요. 분석팀은 빅데이터 분석을 통해 디너파티에 참가할 확률이 높은 그룹이 부유한 40대 여성들이라고 예측했습니다. 오바마 선거 캠프는 빅데이터 분석 결과를 토대로 40대 여성층에게 가장 호감을 줄 수 있는 인물로 배우 조지 클루니를 선정했습니다. 그리고 디너파티 장소를 조지 클루니 자택으로 하고, 부유한 40대 여성들을 초대했지요. 그 결과는 놀라웠습니다. 40대 부유한 여성들은 매력적인 미남 배우 조지 클루니와 함께하는 디너파티에 무척 만족해하며 기꺼이 후원금을 기부했거든요. 하룻밤 사이에 무려 1,500만 달러라는 어마어마한 후원금이 모이며 디너파티는 대성공을 거두었습니다. 빅데이터 분석이 유권자 맞춤 후원금 모금과 지지자 확보에 결정적인 기여를 한 셈이지요.

이처럼 오바마 선거 캠프는 빅데이터의 중요성을 일찌감치 깨닫고 선거에 적극적으로 활용했습니다. 매일 데이터를 업데이트 하고 선거 결과를 분석했습니다. 그들이 진행한 모의 선거 횟수만 6만 6000번에 달합니다. 수집된 데이터와 분석 결과를 바탕으로 홍보 전략도 다양하게 펼쳤지요. 그 덕분에 유권자들의 생각을 주관적으로 판단하거나 가정하지

미국의 오바마 대통령은 빅데이터 분석을 통해 유권자의 성향을 파악했다. 그 결과 재선에 성공할 수 있었다.

않고 오직 정교한 데이터 분석에 따라 객관적으로 판단할 수 있었습니다. 그 결과는 우리 모두가 알다시피 오바마의 재선 성공이었습니다.

우리나라 역시 빅데이터를 활용한 선거 전략이 정치권의 큰 관심을 받고 있습니다. 중앙선거관리위원회는 2012년부터 SNS 등의 인터넷을 통한 선거 운동을 상시 허용했습니다. 기존의 여론 조사와 선거 운동만으로는 부족한 부분들은 SNS와 인터넷 등을 통해 보완할 수 있게 된 것이지요. 물론 아직까지 국내 정치에서 빅데이터를 활용하는 수준은 SNS상의 여론 분석에서 크게 벗어나지는 못하고 있습니다. 하지만 앞으로 다양한 데이터를 활용해 국민들이 원하는 지도자상을 찾아내 더 적극적인 선거 전략을 짜낼 수 있으리라 기대됩니다.

스포츠와 빅데이터

스포츠에는 과학적 분석이 많이 이용된다고 합니다. 선수들의 컨디션이나 날씨 등 여러 가지 요소가 승패에 영향을 많이 미치기 때문입니다. 그 가운데 야구는 다양한 데이터를 활용하는 스포츠로 특히 유명합니다. 미국 프로 야구 **메이저 리그**에서는 선수의 타율, 실책 등의 성적 관련 데이터와 함께 경기 영상, 각종 센서를 통해 모은 데이터 등도 수집합니다. 타자가 출루했을 때 투수의 실투 확률까지 예측할 정도입니다. 또한, 선수의 부상 확률과 부상 원인 등을 파악하는 데도 데이터를 활용하고 있지요.

메이저 리그의 데이터 사랑을 보여 주는 영화가 바로 2011년 개봉한 《머니볼》입니다. 《머니볼》은 빅데이터를 활용해 최약체 팀을 우승으로

미국 메이저 리그에서는 선수의 실책, 타율, 득점 등을 면밀히 분석한 빅데이터 자료를
활용해 경기를 치른다.

이끈다는 내용을 담고 있는데요. 실화를 바탕으로 제작된 영화라 개봉
당시 할리우드에서 큰 화제가 되었습니다.

《머니볼》의 실제 주인공은 메이저 리그 구단인 오클랜드 애슬레틱스
입니다. 오클랜드 애슬레틱스는 1990년대 중후반 리그 최하위의 성적을
거두는 팀이었고 가난한 구단 가운데 하나였지요. 하지만 1998년 빌리
빈이 단장이 되면서 상황은 바뀌었습니다. 빌리 빈은 오클랜드 애슬레틱
스를 승리로 이끌기 위해 빅데이터를 분석했습니다. 타율, 타점, 홈런 등
관중들이 환호하는 요소만을 중시하는 야구계의 관행을 과감히 버리고
출루율, 장타율, 사사구 비율 등을 모두 포함시켜 분석하기 시작했지요.

빅데이터 분석을 통해 나온 결과는 '높은 타율보다 높은 출루율이 효과적이다', '기동력보다는 장타력이 중요하다', '수비보다 공격을 강화해야 한다' 등이었습니다. 빌리 빈은 빅데이터 분석 결과를 바탕으로 선수들을 뽑았습니다. 부상 경력이 있거나 슬럼프로 부진한 선수들을 싼 값에 팀으로 데려왔지요.

그때까지만 해도 다른 구단과 메이저 리그 팬들은 빌리 빈을 의아한 눈초리로 바라보았습니다. 은퇴해야 할 정도의 선수들로 팀을 꾸렸으니까요. 하지만 빌리 빈이 빅데이터 분석을 적용한 결과는 대성공이었습니다. 만년 하위권에 머물던 오클랜드 애슬레틱스의 성적이 단숨에 최상위권으로 뛰어올랐습니다. 그뿐만이 아닙니다. 빌리 빈이 온 뒤로 오클랜드 애슬레틱스는 해마다 포스트 시즌에 오를 정도로 뛰어난 성과를 거두었으며, 2002년에는 메이저 리그 최초로 20연승이라는 신기록을 세웠습니다. 실로 대단한 일이지요.

그렇다면 우리나라 야구는 어떨까요? 우리나라 야구에서는 데이터 활용을 지속적으로 해왔으나 빅데이터 분석을 적극 활용하지는 않았지요. 그러다 2011년, IT업계의 CEO였던 김인 씨가 삼성 라이온즈의 사장으로 부임해오면서 삼성 라이온즈에 빅데이터 바람이 불었습니다. 김인 사장은 삼성 라이온즈의 경기 내용 등을 바탕으로 빅데이터 분석을 시작했습니다. 투수의 구질과 특성, 타자의 성향과 좋아하는 코스 등 다양한 데이터를 수집해 분석했고, 그 결과를 실제 경기에 적용했습니다. 시간이 흘러 데이터가 쌓일수록 분석 결과는 정교하고 치밀해졌지요. 나중에는 투수와 타자가 승부할 때 어느 곳에 공을 던져야 할지까지 결정할 정도였습니다.

모든 데이터는 실시간으로 업데이트되고 활용됐습니다. 삼성 라이온즈 선수는 누구나 스마트폰 등을 활용해 자신의 경기를 다시 되돌아 볼 수 있게 했지요. 이렇게 빅데이터 분석을 적극적으로 활용한 결과, 삼성 라이온즈는 3년 연속 정규 리그 1위라는 쾌거를 거두었습니다.

이밖에도 SK 와이번즈 역시 빅데이터를 분석해 경기를 이끌어 가는 팀으로 유명합니다. 상대 팀, 선수, 경기장, 날씨 등의 다양한 데이터를 바탕으로 승리를 위해 노력하는 데이터 과학이 스포츠에도 적용되고 있습니다.

교통과 빅데이터

오늘날 운전자에게 가장 필수적이고 유용한 서비스로 단연 내비게이션을 꼽을 수 있습니다. 내비게이션은 목적지까지 가는 길을 알려줄 뿐만 아니라 실시간으로 교통 흐름을 파악해 가장 빠른 길을 안내해 주는 서비스이지요. 내비게이션 서비스가 등장한 배경에도 빅데이터 기술이 존재합니다.

내비게이션은 전국 각지를 이동하는 차량 수만 대로부터 몇 초 단위로 위치 정보를 수집합니다. 공공기관에서 제공하는 전국 도로의 교통 정보도 수집하지요. 이렇게 수집한 데이터를 실시간으로 분석해 최적의 경로를 운전자에게 제공한답니다.

내비게이션 서비스는 사실 교통에 적용할 수 있는 빅데이터 기술의 일부분에 지나지 않습니다. 내비게이션 서비스를 제공하는 개별 기업은 운용할 수 있는 데이터의 양에 한계가 있지요. 만약 개별 기업이 아니라 지방자치단체나 국가 단위로 교통 관련 빅데이터 서비스를 제공한다면 어떨까요? 상상을 초월할 정도로 무궁무진한 서비스를 개인에게 맞춤식으로 제공을 할 수 있지 않을까요?

실제로 빅데이터를 활용한 공공 교통 서비스들이 속속 등장하고 있습니다. 미국 메사추세츠 공과 대학(MIT)에서는 교통사고 예측 **알고리즘**을 구축해 교통사고를 예방하는 연구를 진행하고 있습니다. 차량에서 수집한 정보를 이용해 신호 위반 가능성을 예측하고, 더 나아가 신호 위반을 판별해 낼 수도 있지요. 차량 운전 중 교통사고 발생 가능성이 높아질 경

빅데이터를 활용한 교통 서비스는 교통 혼잡을 줄여 시민들에게 안락한 교통 서비스를 제공한다. 또한 교통 사고율도 크게 낮출 수 있다.

우에는 경보 시스템을 작동시켜 운전자에게 위험 신호를 보냅니다. 아직은 일상생활에 적용되지는 않았지만, 운전자의 안전을 위해 경보 시스템을 구축하려는 국가나 지방 정부에게는 매력적인 서비스겠지요?

우리나라에서도 빅데이터 분석을 바탕으로 하는 교통 관리 시스템을

사례탐구 콜롬비아 보고타 시의 교통 관리 시스템

콜롬비아의 수도 보고타 시는 교통 정체가 극심하기로 유명했다. 지하철이 없는 보고타 시에서는 버스를 타려면 으레 1~2시간을 기다려야 했다. 교통 정체로 살인까지 일어나기도 했다.

그러나 보고타 시에 빅데이터를 활용한 교통 관리 시스템이 적용되면서 상황은 달라졌다. 현재 보고타 시에서는 버스마다 부착된 센서와 도로마다 설치된 장비들이 실시간으로 수없이 많은 데이터를 쏟아 내고 있다. 이 정보들은 모조리 수집되고 분석되어 중앙 관제소로 보내진다. 그 덕분에 중앙 관제소에서는 거미줄처럼 얽혀 있는 보고타 시의 도로 정보와 버스 운행 정보를 한눈에 모니터링하고 관리할 수 있게 되었다.

예를 들어 특정 지역에서 버스 운행이 지연될 경우, 중앙 관제소에서 신호를 보내 버스 지연 소식을 알린다. 그러면 그 즉시 해당 지역에 더 많은 버스를 투입해 승객의 불편을 최소화할 수 있다.

빅데이터를 활용한 교통 관리 시스템이 적용되기 전과 후의 보고타 시는 비교할 수 없을 만큼 달라졌다. 교통이 원활해지면서 사람들 사이의 마찰도 줄어들어 범죄율도 낮아졌다. 그야말로 교통 관리 시스템 하나로 교통과 치안, 두 마리 토끼를 모두 잡은 셈이다.

적극 활용하고 있습니다. 특히 수도권 지역에서는 이미 지하철, 광역 버스, 마을버스 등 다양한 대중교통을 실시간으로 관리하고 있지요. 이 최첨단 교통 시스템으로 인해 교통 혼잡이 줄어들었고, 시민들이 안전하고 편안하게 대중교통을 이용하게 되었습니다.

우리나라의 이러한 교통 관리 시스템은 해외로까지 수출되고 있습니다. 뉴질랜드, 말레이시아, 콜롬비아 등 여러 나라에 우리나라의 교통 관리 시스템이 도입되었지요.

그 외의 빅데이터 활용

앞서 설명된 사례 이외에도 빅데이터 활용 사례는 수없이 많습니다. 지금 이 순간에도 빅데이터를 실생활에 적용한 사례들이 계속해서 생겨나고 있지요. 빅데이터를 활용한 다양한 서비스들은 숱한 시행착오를 겪으며 날로 발전하고 있습니다.

예를 들어, 구글의 독감 유행 예측 시스템을 이야기해 볼까요? 구글의 독감 유행 예측 시스템은 미국 보건 당국보다 더 빠르게 독감 발생 및 전염 경로를 예측해 유명해졌습니다. 구글은 어떻게 독감을 누구보다도 빠르고 정확하게 예측할 수 있었을까요? 비법은 수십억 건의 검색어와 독감 데이터를 분석해 얻은 결과에 있었습니다. 구글은 입력되는 검색어를 분석해 독감이 발병하기 전과 후의 검색어 간의 상관성을 찾아냈습니다. 그리고 해당 단어들의 검색 패턴을 분석해 신속하고 정확한 예측 결과를 내놓을 수 있었지요. 특히 독감 증상과 독감 치료 등과 관련된 검색어와 검색이 일어난 지역, 검색어의 패턴을 분석한 결과는 독감 유행 수

준과 전염 경로를 파악하는 데 결정적 역할을 했습니다. 독감이 퍼지고 난 후에야 상황을 파악하고 대비책을 내놓은 보건 당국보다 당연히 빠를 수밖에 없었습니다.

또 다른 예로는 넷플릭스(Netflix: 비디오 대여 및 스트리밍 서비스 기업), 아마존(Amazon: 전자 상거래 기업) 등의 사례를 들 수 있습니다. 이들 기업 은 빅데이터 분석을 통해 사용자 맞춤형 추천 목록을 제공합니다. 다양 한 데이터를 활용해 사용자의 성향을 파악하고 사용자에게 알맞은 제품 을 추천하지요. 사용자는 자신에게 특화된 제품 추천 서비스를 통해 더 편하게 자신이 원하는 제품을 구매할 수 있습니다. 게다가 기업의 입장 에서는 매출이 향상되니 그야말로 누이 좋고 매부 좋은 격입니다.

빅데이터는 금융권에서도 활발하게 활용되고 있습니다. SNS와 인터 넷 웹페이지의 글을 수집하고 분석하여 주가 변동을 예측하고요. 빅데 이터 분석을 통해 고객에게 적절한 금융 상품을 만들어 판매하기도 하지 요. 보험 역시 마찬가지입니다. 보험사들은 판매율 향상을 위해 고객 맞 춤형 보험 상품을 개발하기 때문에 빅데이터가 매출에 큰 도움을 줄 수 있지요. 또한 금융 범죄 예방을 위한 감시 시스템에도 빅데이터가 사용 됩니다. 불법적인 금융 거래를 실시간으로 감시하고 분석해 사고를 예방 할 수 있지요.

뉴욕 시의 맨홀 뚜껑

　미국 뉴욕에서는 낡은 가스 배관으로 인해 급작스레 터지는 맨홀 뚜껑이 큰 골칫거리였다. 140킬로그램이 넘는 맨홀 뚜껑이 가스 폭발로 10미터 이상 솟아오르는 일이 자주 일어났다. 하늘에서 떨어지는 거대한 쇳덩이는 아찔한 상황을 연출하곤 했다. 운 나쁘게도 맨홀 뚜껑에 맞아 그 자리에서 목숨을 잃는 사람도 있었다.

　뉴욕 시는 맨홀 뚜껑 문제를 해결하고자 5만 1000개에 달하는 맨홀 데이터는 물론이고 주변 지역의 데이터까지 모두 조사하고 분석했다. 그 결과, 폭발과 관련된 주요 위험 요소 106개를 발견했다. 뉴욕 시는 106개의 위험 요소를 바탕으로 폭발 사고를 일으킬 가능성이 높은 맨홀을 가려내는 데 성공했다. 그 덕분에 뉴욕 시는 빅데이터 분석 결과를 토대로 급작스런 맨홀 사고에 대비하여 위험한 맨홀을 사전에 점검하고 예방책을 세울 수 있게 되었다.

　뉴욕의 맨홀 뚜껑 같은 사고는 재난 대응 시스템의 시작에 불과하다. 빅데이터를 활용하면 건물 붕괴, 선박 침몰 등과 같이 다수의 생명을 앗아갈 수 있는 재난에도 대비할 수 있다. 2014년 온 국민을 충격과 애도로 물들게 한 '4.16 세월호 침몰 사고'는 재난 대응 시스템의 부재 때문이었다. 만약 데이터 분석을 통해 재난 대응 시스템을 제대로 갖추었더라면 배가 위험한 상황에 처했다는 사실을 미리 알아채고 재난 사고를 예방할 수 있었을 것이다. 인재 사고뿐만 아니라 지진, 해일 등과 같은 자연 재해에 대응할 수 있는 시스템도 중요하다. 빅데이터를 활용한 재난 대응 시스템은 많은 이의 소중한 목숨을 구할 생명의 시스템이 될 수 있다. 따라서 재난 대응 시스템에 대한 국가 차원의 아낌없는 지원이 필요하다.

- 빅데이터 기술이 발전하면서 최근에는 환자를 치료하거나 병을 예방하는 데 빅데이터가 큰 도움을 주고 있다.
- 빅데이터 분석의 결과를 '날씨 판매 지수'로 만들어 활용하는 기업도 늘고 있다. 방대한 매출 정보와 날씨 정보를 분석하는 빅데이터 기술이 정교해지면서 나타난 새로운 경영 방법이다.
- 패스트 패션 업체들은 빅데이터를 활용해 남보다 빠르게 유행하는 패션 스타일을 파악하고 대응한다.
- 빅데이터를 활용한 기술을 교통에 적용하면 교통 체증을 완화하고 교통 사고율을 떨어뜨리는 긍정적 효과를 볼 수 있다.
- 빅데이터 활용 사례는 수없이 많다. 현재도 빅데이터를 활용해 상업적으로 성공을 거둔 다양한 서비스들이 숱한 시행착오를 겪으며 날로 발전하고 있다.

4

CHAPTER

빅데이터,
새로운 해답일까요?

언제나 그렇듯 신기술은 양면성을 지니고 있습니다. 빅데이터 기술 역시 이를 피해 갈 수는 없지요. 새로운 기술이 현실에 어떤 영향을 미칠지 모르거니와 그 누구도 적용된 결과를 정확히 예견할 수 없기 때문입니다. 그래서 빅데이터 기술에는 낙관론과 비관론이 동시에 존재합니다.

현재 빅데이터를 통해 얻을 수 있는 인사이트(Insight)는 많은 사람에게 각광받고 있습니다. 빅데이터의 활용 범위가 단지 기업의 마케팅 차원에 그치는 것이 아니라 사람의 생명을 구하고, 사회 문제를 해결할 실마리까지 제공하기 때문이지요. 빅데이터가 가진 효용 가치는 누구나 인정할 수밖에 없을 만큼 무궁무진합니다.

하지만 빅데이터를 적극적으로 도입하고 활용하는 데 반대하는 이들도 있습니다. 왜냐고요? 빅데이터가 가진 이중성 때문입니다. 새로운 기술은 언제나 양날의 검처럼 양면성을 가지고 있습니다. 빅데이터라고 해서 예외는 아닙니다.

빅데이터에 대한 세간의 우려는 주로 '권리'와 관련이 깊습니다. 데이터를 모으고 관리하고 분석하는 과정에서 우리의 권리가 침해당하는 일이 일어날 수도 있다는 주장이 펼쳐지고 있지요. 아무리 뛰어난 기술이라고 해도 우리에게 피해를 준다면 결코 좋은 기술이라고 할 수 없겠지요? 자, 그럼 이제부터 빅데이터를 둘러싼 논란들을 살펴볼까요?

빅데이터와 감시

우리의 일상생활을 누군가 감시한다면 기분이 어떨까요? 감시를 달가워할 사람은 아무도 없을 겁니다. 누가 내 사생활을 감시한다면 기분 나빠하며 항의하겠지요. 그런데 이 기분 나쁜 '감시'가 빅데이터의 문제점 중 하나라면 어떨까요?

간단한 예를 들어볼까요? 길거리를 지나다 보면 CCTV가 눈에 많이 보입니다. 현재 우리나라에는 450만 대가 훨씬 넘는 CCTV가 설치되어 있는 것으로 추정됩니다. 공공 기관, 민간 업체뿐 아니라 일반 가정에도 CCTV가 있습니다. CCTV가 많이 설치된 서울의 번화가에서는 평균 300미터에 한 번씩 우리의 모습이 촬영된다는 조사 결과도 있습니다.

CCTV를 통해 축적된 데이터는 사생활 감시라는 새로운 문제를 낳고 있다.

생각해 보기

통계청의 자료에 따르면 2013년 공공 기관에서 설치한 CCTV는 총 565,723 대라고 한다. CCTV는 현재 교통 정보 수집, 치안 유지 등 다양한 이유로 설치, 운영되고 있다. 하지만 공공 기관의 CCTV는 시작에 불과하다. 민간에서 설치해 운영하는 CCTV의 수는 400만 대가 훌쩍 넘을 것으로 추정되고 있다. 민간 CCTV의 경우, 개인의 필요에 의해 설치되기 때문에 정확한 집계조차 이뤄지지 않는다. 공공 기관과 민간이 설치한 CCTV의 수를 합하면 거의 500만 대에 달할지도 모르는 일이다. 국민 10명당 1대의 CCTV가 설치돼 있는 셈이다. CCTV를 통해 범죄자를 추적할 수 있는 것은 사실이지만 너무 많은 CCTV는 지나친 감시의 수단으로 이용될 수 있다. 그렇다면 어느 정도 수의 CCTV가 설치되는 게 적당할까? 또, CCTV를 꼭 설치해야 한다면 어떤 곳에 설치하는 것이 좋을까?

우리는 자신도 모르는 사이에 수많은 CCTV에 노출되며 살아가는 셈입니다. 그리고 이 같은 자료는 모두 데이터로 남습니다.

스마트폰 역시 우리를 감시하는 수단이 될 수 있습니다. 스마트폰의 GPS 기능은 사용자가 움직이는 모든 경로를 파악할 수 있게 합니다. 이제는 CCTV 데이터를 일일이 분석하는 수고로운 일을 하지 않아도 간단한 **앱**만으로 다른 사람의 행적을 추적할 수 있게 되었지요.

우리가 온라인에서 하는 모든 행동도 역시 데이터로 남습니다. 블로그와 SNS에 작성한 글이나 검색 기록, 방문한 사이트 등이 우리도 모르는 새 데이터화됩니다. 심지어 물건을 구매할 때 사용한 신용 카드 사용

내역도 데이터화됩니다. 그야말로 우리의 일거수일투족이 빠짐없이 온라인상에 기록되는 셈이지요. 물론 데이터가 쌓이는 자체가 문제되지 않을 수 있습니다. 여러 곳에 뿔뿔이 흩어져 있는 데이터를 모으고 분석할 수 있도록 컴퓨터 기술이 발달 했다는 점이 문제의 핵심입니다. 누군가 나와 관련된 이런저런 데이터를 모두 모아 분석한다면 어떨까요? 이제는 단순히 위치를 추적하는 정도에서 끝나지 않을 수도 있습니다. 극단적으로 말하면 우리의 생각마저 감시할 수 있게 되었지요. 거짓말 같다고요? 아니요, 빅데이터 기술은 이런 터무니없는 이야기조차 실현 가능하게 해줍니다. 그렇기 때문에 많은 사람이 빅데이터 기술이 인간을 감시하는 수단이 될 거라고 우려하는 것입니다.

정보 유출의 위험성

웨어러블 컴퓨팅 분야에 대해 들어본 적이 있나요? 웨어러블 컴퓨팅이란 몸에 착용하는 옷이나 신발, 시계, 안경 등에 컴퓨터 기술을 접목한 제품들을 말합니다. 말만 들어도 획기적인 이 웨어러블 컴퓨팅 분야에도 이미 오래전부터 사생활 정보 유출에 대한 우려가 제기되어 왔습니다. 몸에 걸친 물품에서 생성된 정보가 사용자 자신도 모르는 사이에 유출되어 엉뚱한 곳에 이용될 수 있다는 주장이지요. 1999년 처음으로 제기된 이러한 주장은 기술이 발전함에 따라 더욱 심각하게 피부에 와 닿기 시작했습니다. 실제로 지금도 스마트폰에서 해킹된 정보가 크고 작은 범죄에 악용되는 사례가 종종 보고됩니다. 이러한 현상을 미루어 보면 웨어러블 컴퓨팅 기술이 더 발달했을 때는 이러한 문제가 더 심각한 사회 문

알아두기

웨어러블 컴퓨터(Wearable Computer)란 단어의 의미대로 착용할 수 있는 컴퓨터다. 현재는 안경, 시계, 신발, 옷 등과 같은 익숙한 형태의 제품이 출시돼 있다. 웨어러블 컴퓨터의 연구는 1960년대 처음 시작 됐다. 하지만 기술의 제약으로 인해 크게 성공하지는 못했다. 2000년대 후반에 들어서면서 기술의 발전으로 소형화가 가능해져 휴대성이 향상되면서 급격히 발전하고 있다. 삼성, LG, 애플, 구글 등에서 경쟁적으로 출시하는 스마트 워치는 대표적인 웨어러블 컴퓨터다. 웨어러블 컴퓨터는 주변 정보의 저장, 착용자의 신체 정보 저장 등도 가능해 활용 방법이 다양하다. 앞으로 신체의 일부처럼 느낄 수 있는 웨어러블 컴퓨터로 발전할 것이다.

제로 대두될 가능성이 높습니다.

빅데이터가 지금처럼 계속해서 발전한다면 문제가 더 커질 수 있습니다. 빅데이터의 특성상 명시적으로 보이는 데이터뿐 아니라 유추를 통해 더 많은 사생활이 드러날 수 있기 때문입니다. 일례로 해외에서는 빅데이터 기술로 인해 고등학생 딸의 임신 사실이 부모에게 알려진 사건이 화제가 되기도 했습니다. 어떻게 된 일이냐고요?

어느 날부터 고등학생인 딸에게 출산 용품 광고 메일이 수시로 전송되고 쿠폰까지 발급되기 시작했습니다. 그러자 여학생의 부모는 매출을 위해 미성년자인 딸에게 지나친 광고를 한다며 해당 업체에 강력하게 항의했지요. 해당 업체의 마케팅 담당자도 실수라고 생각하고 사과했습니다. 하지만 얼마 후 진상이 밝혀졌지요. 여학생이 임신 사실을 몰래 숨긴 채 혼자 임신 관련 정보를 찾아보고 물품을 구매한 것입니다. 아무도 여학생이 임신한 사실을 몰랐습니다. 하지만 빅데이터는 여학생이 검색한 임신 정보와 구매 기록을 통해 그 누구도 알지 못했던 여학생의 임신 사실을 알아냈습니다. 심지어 빅데이터 분석 결과에는 여학생이 임신 3개월째라는 내밀한 정보까지 소상히 드러나 있었습니다. 여학생이 초기 임산부들이 주로 이용하는 제품을 구매했다는 데이터에 근거한 분석 결과였지요.

이 사례에서 우리는 빅데이터 분석의 놀라운 효용성에 감탄하는 동시에 사생활 침해와 개인 정보 노출의 위험을 걱정하게 됩니다. 여학생이 아무에게도 말하지 않고 꼭꼭 숨겨온 임신 사실이 본인의 의사와 상관없이 다른 사람에게 알려졌으니까요. 광고 메일과 쿠폰 발행은 아무런 악의 없이 기계적으로 진행된 빅데이터 마케팅일 뿐이었지만, 여학생의 감추고 싶은 비밀이 강제로 까발려졌으며 이는 여학생에게 씻을 수 없는 상처가 되었습니다.

낙관론과 비관론

신기술은 양면성을 지니고 있습니다. 빅데이터 기술 역시 이를 피해 갈 수는 없지요. 새로운 기술이 현실에 어떤 영향을 미칠지 모르거니와 그 누구도 적용된 결과를 정확히 예견할 수 없기 때문입니다. 그래서 빅데이터 기술에는 낙관론과 비관론이 동시에 존재합니다.

낙관론자들은 빅데이터가 사회를 한 단계 더 발전시킬 새로운 패러다

사례탐구 아이폰과 개인 정보 유출

유명 IT 기업인 애플의 아이폰 역시 개인 정보 유출로 큰 곤욕을 치른 적이 있다. GPS 기반의 위치 정보 수집과 음성 인식 서비스 **시리(Siri)** 때문이었다. 시리는 개인의 위치 정보와 함께 음성 데이터를 저장한다. 시리를 통한 음성 인식 데이터는 최장 2년까지 저장된다. 개발 당시 보안 전문가들은 사용자와 그 가족의 정보는 물론이고 업무와 관련된 민감한 정보가 유출될 수 있음에 우려를 표했다. 만약 누군가 의도적으로 이 정보에 접근한다면 그 피해가 엄청날 거라고 판단한 것이다.

애플사의 제품뿐 아니라 대부분의 스마트 기기는 앱을 설치하고 사용할 때, 개인 정보를 수집하도록 된 설정이 기본인 경우가 많다. 이때 사용자들은 자신의 데이터가 밖으로 빠져나간다는 사실조차 모르는 경우가 허다하다.

현재 우리나라에서 꾸준히 정보 유출 사건이 발생하고 있는 이유는 개인 정보를 이용해 금전적 이득을 취할 수 있기 때문이다. 지금 이 순간에도 개인 정보가 공공연하게 거래되고 있는 실정이다. 많은 데이터가 모이고 관리되는 빅데이터의 시대에 이 같은 개인 정보 유출 문제는 큰 걱정거리일 수밖에 없다. 더군다나 빅데이터는 개인뿐만 아니라 기업이나 국가의 중요 데이터를 모두 포함한다. 다시 한 번 정보 유출 문제의 심각성을 논의해야 할 시점이다.

임이라고 생각합니다. 빅데이터 기술의 발전에 따라 인류의 미래가 완전히 달라질 거라고 예상하지요. 기업들은 누구보다 앞서 빅데이터의 유용성을 알고 활용하기 시작했습니다. 남들보다 빨리 기술적, 경제적 우위를 점해 더 신속하게 시장에 대응하기 위해서였어요. 최근에는 기업뿐만

사례탐구 의도치 않은 데이터 유출

피트비트(fitbit)는 미국 **실리콘 밸리**의 벤처 회사로 모바일 헬스 케어 제품을 출시하며 미국에서 큰 인기를 끌었다. 피트비트가 출시한 제품들은 하루 활동량, 수면 데이터 등을 기록하고 관리해준다. 수면 상태, 걸음 수, 이동 거리 등 다양한 정보가 피트비트의 제품에 저장된다. 그런데 이렇게 저장된 개인 정보가 온라인에 노출되는 일이 일어났다. 사용자가 프라이버시 설정을 제대로 하지 않아, 개인 프로필과 정보가 온라인에 공유돼 버린 것이다. 사용자의 개인 정보는 물론 성행위 횟수까지 검색 결과에 표시됐다. 물론 이 일은 피트비트만의 잘못은 아니다. 하지만 신기술 때문에 사용자는 의도치 않게 자신의 은밀한 정보까지 타인과 공유할 위기에 처했다.

아니라 국가도 빅데이터를 활용하는 일에 관심을 보입니다. 빅데이터야말로 차세대 경제 성장의 동력이자 다양한 사회 문제의 해법이 되어 줄 수 있다고 믿기 때문이지요.

하지만 비관론자들은 빅데이터의 부정적 측면에 대해 경고합니다. 신기술이 등장하면 많은 사람이 찬사를 보내고 새로운 성과를 기대합니다. 신기술이 가져올 위험을 지적하는 이들은 소수에 불과한 경우가 많습니다. 빅데이터 역시 마찬가지입니다. 빅데이터 분석은 폭넓은 데이터를 다루기 때문에 경우에 따라 원치 않는 사생활 침해가 일어날 가능성이 농후합니다. 우리는 CCTV, GPS, 신용 카드 사용 내역, 인터넷 접속 기록, 웹페이지에 올린 글과 메시지 등이 모두 기록으로 남는 세상에 살고 있습니다. 활용 가능한 데이터가 많아지는 만큼 원치 않는 사생활 침해가 일어날 확률이 높아지는 것이지요. 사생활 침해는 경제적 손실로 직결될 수 있습니다. 누군가 나의 개인 비밀 번호를 알아내 불법적인 경제 활동을 한다면 어떨까요? 생각만 해도 아찔하지 않나요?

빅데이터 기술은 이제 막 활용되기 시작한 신기술입니다. 빅데이터에 대한 기대와 걱정 모두 아직까지는 현실로 이루어지지 않았습니다. 직접적인 현상과 결과가 나타나기 전까지는 그 누구도 빅데이터의 미래를 장담할 수 없지요. 빅데이터가 위험하지 않다고 단언할 수 없는 만큼 빅데이터의 긍정적 성과는 누리되 위험에 미리 대비하는 자세가 필요합니다.

찬성 VS 반대

주민 등록 번호와 은행 계좌, 신용 카드 정보 등은 그냥 데이터가 아니다. 누군가의 손에 들어가 부적절하게 사용되는 순간 한 사람의 삶을 완전히 망가뜨릴 수 있다.

– 멜리사 빈 미국의 정치인

빅데이터는 대체로 숫자 정보를 수집해 미래를 예측한다. 우리는 가능한 더 많은 데이터를 확보해야 미래를 정확하게 예측할 수 있다.

– 안소니 골드블룸 호주의 기업가

사례탐구 **자살 방법을 알려 드립니다**

2008년 일본에서는 황화수소를 이용한 자살 방법이 온라인을 타고 급격히 퍼졌다. 그런데 일본의 한 유명 전자상거래 사이트에서 웃지 못할 일이 벌어졌다. 쇼핑몰 사이트에서 세제를 사기 위해 검색하자, 황화수소를 발생시키는 데 필요한 다른 약품이 추천 상품으로 함께 자동 검색된 것이다. 이 일은 빅데이터 기술이 일반인들이 굳이 알 필요가 없는 자살 방법까지 기계적으로 알려준 사건으로 세간의 화제가 되었다. 이 사건으로 인해 신기술 때문에 사회 문제가 도출되는 일은 막아야 한다는 목소리가 커졌다.

전혀 예상하지 못한 곳에서 빅데이터의 위험성이 드러날 수 있기 때문에 경계를 늦추어서는 안됩니다. 위험에 대비하여 피해를 최소화하려는 노력만이 빅데이터 시대를 현명하게 헤쳐 나가는 유일한 방법일 것입니다.

빅데이터와 빅브러더

빅브러더는 영국의 작가 **조지 오웰**이 1949년 발표한 소설 《1984》에 등장하는 인물입니다. 《1984》는 디스토피아 소설로 극도의 전체주의 국가인 오세아니아를 배경으로 합니다. 오세아니아를 통치하는 이는 아무도 정체를 모르는 수수께끼의 독재자 빅브러더입니다. 오세아니아에서는 모든 사람이 텔레스크린으로 감시당합니다. 텔레스크린이 뭐냐고요? 모든 가정에 설치된 일종의 감시 장비입니다. 텔레스크린 말고도 다양한 장비가 사람들을 실시간으로 감시합니다. 그리고 끊임없이 사람들에게 "빅브러더가 당신을 보고 있다."는 문구를 보여주며 감시받고 있는 사실을 상기시킵니다.

《1984》가 발표된 뒤 '빅브러더'라는 말은 권력에 의한 감시를 의미하는 대명사가 되었습니다. 빅브러더는 누군가에게 항상 감시받고 명령을 받는 '일상화된 감시'를 의미합니다. 물론 소설 속에 등장하는 이야기일 뿐이라고 생각할 수도 있습니다. 그러나 놀랍게도 실제로 빅브러더를 걱정할 만한 일들이 세계 곳곳에서 일어나고 있습니다.

미국 유력 일간지인 《워싱턴포스트》가 2010년 조사한 내용에 따르면, 미국 국가 안전 보장국인 NSA는 날마다 엄청난 양의 개인 정보를 수집해 저장한다고 합니다. 이메일, 통화 내역, 기타 통신 내용 등을 매일 수집하는데 수집되는 건수가 자그마치 하루 17억 건에 달한다고 합니다. 《워싱턴포스트》는 NSA가 이렇게 수집해 관리하는 개인 정보가 이미 20조 개에 달할 것으로 추정했습니다. 누가 언제 통화를 하고 어떤 메일을 주고받는지는 물론이고 온라인 거래와 금융 거래 내역 등의 정보를 모조리 저장했다고 봐도 무방하지요.

최근에는 국가나 특정 기관의 감시 활동이 과거에 비해 훨씬 손쉬워졌습니다. SNS만 조금 뒤져보아도 주변 지인이 누구인지 금세 알 수 있지요. 과거에는 며칠 간 미행해서 겨우 알아낼 정보를 지금은 단 몇 분만에 알 수 있으니 이 얼마나 빠르고 편리한 정보의 시대인가요.

기업들 역시 엄청난 양의 데이터를 다루고 저장하기 때문에 얼마든지 빅브러더가 될 가능성이 있습니다. 특히 세계 최대의 IT 기업인 '구글'은 빅브러더 논란에 자주 휩싸입니다. 대표적인 예로 위성 지도 서비스인 구글어스(구글지도)의 사례가 있습니다. 구글어스는 개인의 집 안 모습은 물론 사람들이 일광욕하는 모습까지 촬영해 인터넷에 공개하는 바람에 사생활 침해 논란을 겪었지요.

2014년 8월에는 구글이 자신들이 서비스하는 지메일(Gmail)의 사용 내역을 경찰에 넘겨줘 논란이 일었습니다. 미국의 한 남성이 지메일을 이용해 아동 포르노 사진을 지인에게 보냈는데, 구글이 이 메일 내용을 경찰

사례탐구 딥페이스와 빅브러더

세계적인 SNS 기업 페이스북은 최근 사람들의 얼굴을 인식할 수 있는 새로운 기술을 개발해냈다. 딥페이스(Deep Face)라는 이름의 이 프로그램은 사진 속 인물의 얼굴을 분석해 97.25퍼센트의 확률로 그 사람이 누구인지 밝혀낼 수 있다. 평범한 사람이 약 97.53퍼센트의 정확도로 타인의 얼굴을 구분하는 것과 비교하면 상당히 놀라운 기술이 아닐 수 없다.

하지만 이러한 기술 발전에 놀라워만하고 있어서는 안 된다. 페이스북은 전 세계적으로 13억 명 이상의 회원을 가진 거대 기업이다. 13억 명이 하루에 페이스북에 업로드하는 사진만 해도 4억 장이 넘는다. 이러한 상황에서 만약 딥페이스 기술이 상용화된다면 어떤 일이 벌어질까? 예를 들면 나도 모르는 사이에 길거리에서 찍힌 내 사진이 페이스북에 공유되는 순간 지금 내가 어디에서 무엇을 하고 있는지 등의 개인 정보가 인터넷상에 떠도는 날이 올 수도 있다. 바로 이런 점 때문에 일부 유럽 국가에서는 사생활 침해를 우려해 페이스북에 얼굴 인식 데이터를 삭제하라고 권고하기도 했다.

에 알렸거든요. 결국 용의자는 경찰에 체포됐습니다. 당시 구글의 행동은 뜨거운 찬반논쟁을 야기했습니다. 구글이 성범죄를 예방하는 데 기여했다는 의견과 개인 이메일을 검열했다는 비판이 함께 제기되었지요.

여러분은 구글의 행동을 어떻게 생각하나요? 분명히 구글의 행동이 사회 문제 해결에 도움을 주기는 했습니다. 하지만 그렇다고 개인 정보를 감시했다는 의혹을 피해가기는 힘들지요. 더 무서운 사실은 데이터 독재에 관한 걱정이 특정 국가나 기업에 한정되지 않는다는 데 있습니다. 빅데이터 시대에는 데이터만 가진다면 누구나 빅브러더가 될 수 있으니까요.

간추려 보기

- 많은 사람이 빅데이터 기술이 인간을 감시하는 수단이 될 수 있다고 우려하고 있다
- 신기술은 양면성을 지니고 있다. 빅데이터 기술 역시 이를 피해갈 수는 없다. 새로운 기술이 현실에 어떤 영향을 미칠지 모르거니와 그 누구도 적용된 결과를 정확히 예견할 수 없기 때문이다. 그래서 빅데이터 기술에는 낙관론과 비관론이 동시에 존재한다.
- 소설《1984》에 등장하는 '빅브러더'는 권력에 의한 감시를 의미하는 인물의 대명사다. 특히 누군가에게 항상 감시받고 명령을 받는 '일상화된 감시'를 의미한다. 그런데 최근에는 국가나 기업이 데이터를 활용하면서 빅브러더가 되는 일들이 늘어났다.

빅데이터와 인권

수많은 사용자의 데이터를 보유한 글로벌 기업이 수십만, 수백만 명의 빅데이터를 수집하여 정치적 목적에 이용한다면 어떻게 될까요? 우리는 우리도 모르는 사이에 조작된 정보를 접하면서 거짓을 진실로, 진실을 거짓으로 착각하게 될지도 모릅니다. 또한, 기업의 의도적인 심리 조작 마케팅에 휘둘려 기업의 돈벌이 도구로 전락하게 될 수도 있지요. 생각만으로도 소름이 끼치지 않나요?

최근 들어 뜨고 있는 직업 가운데 '디지털 장의사'가 있습니다. 디지털 장의사가 뭐냐고요? 인터넷상에 떠돌아다니는 개인의 데이터를 찾아서 관리 및 삭제해 주는 사람을 말합니다. 인터넷이 발달하면서 많은 사람이 자신의 데이터를 온라인상에 남기게 되었지요. 그림과 사진, 영상, 댓글, 인터넷 계정 등등. 사람들은 오랜 시간 동안 인터넷이라는 광활한 공간을 누비며 자신도 깨닫지 못할 만큼 수많은 개인 기록을 남기게 되는데요. 바로 이 온라인상에 남아 있는 개인의 기록들을 샅샅이 찾아내 남김없이 지워 주는 역할을 하는 사람이 바로 디지털 장의사입니다. 다른 말로는 여기저기 흩어져 있는 디지털 데이터를 찾아서 깔끔하게 관리해 준다고 해서 '디지털 세탁소'라고도 부르지요.

빅데이터와 잊힐 권리

현재 디지털 장의사는 미래 유망 직종으로 각광받고 있습니다. 그 이유는 유럽과 영미 국가를 중심으로 그 중요성이 대두되고 있는 '잊힐 권리'와 관련이 깊습니다. 잊힐 권리란 '정보 주체가 온라인상의 자신과 관련된 모든 정보에 대한 삭제 및 확산 방지를 요구할 수 있는 자기 결정권 및 통제 권리'를 뜻합니다. 잊힐 권리는 2012년에 유럽의 정보 보호법 개정안에서 명문화되었으며, 현재 **국제 인권법**의 한 요소로 인정받고 있어요. 실제로 2014년 5월, 유럽사법재판소(ECJ)가 '구글 검색 엔진을 이용하는 모든 사람은 검색에서 잊힐 권리를 갖고 있다.'고 판결을 내리기도 했습니다. 그 뒤로 구글은 정보 삭제 요구를 17만 건 이상 받았고, 그중 40퍼센트 이상의 정보를 삭제했다고 합니다.

또한 미국에서는 온라인상에 남아 있는 개인의 기록, 글이나 사진, 영상 등이 디지털 유산으로 인정되면서 고객 및 유족의 의뢰에 따라서 온라인상의 기록을 관리 및 삭제해 주는 서비스 업체가 부쩍 늘어나고 있는 추세이지요. 라이프인슈어드닷컴, 세푸쿠 등이 대표적인 미국의 디지털 장의사 업체입니다.

이처럼 잊힐 권리가 온·오프라인에서 화제가 되는 까닭은 인터넷의 기본 정신인 '보편적 정보 접근성'과 '개인 정보 보호 및 자기 방어권의 보장'이라는 두 개념이 충돌하는 탓입니다. 인터넷의 창시자 팀 버너스리(Tim Berners-Lee)가 "웹의 힘은 보편성에 있다. 능력에 관계없이 누구나 접근 가능한 것이 인터넷의 근본적인 모습이다."라고 밝혔다시피 웹, 즉 인터넷은 불특정 다수에게 활짝 열린 정보의 바다를 지향하지요. 누구나 웹을 통해 자유롭게 정보에 접근하게 되면서 과거 특정 계층에 국한되어 있던 정보의 독점 상태가 정보의 자유로운 공유 상태로 변화한 것은 분명한 사실입니다. 하지만 자유로운 정보 접근이 가능해지면서 한 가지 문제가 대두되었습니다. 바로 '과연 어떤 정보를 얼마만큼 공개적으로 사용하는 것이 옳을까?'의 문제입니다.

인터넷의 가장 큰 특징은 불특정 다수에게 활짝 열려있다는 점이다. 하지만 최근 데이터의 양이 기하급수적으로 늘어나면서 원치 않는 개인 정보의 유출이라는 사회 문제가 대두되었다.

개인 정보 유출과 신상털이

인터넷에는 '신상털이'라는 말이 있습니다. 신상털이란 일종의 **사이버 테러**로 인터넷을 통해 특정 인물의 주소, 연락처, 학교나 직장, 인터넷 계정 등 신상 정보를 알아내 불특정 다수에게 공개하는 일입니다. 신상 털이는 주로 비상식적이고 비도덕적인 언행으로 사회적인 물의를 빚은 사람에게 처벌 목적으로 행해집니다.

물론 신상털이가 법의 사각지대에서 벌어지는 비윤리적인 행위에 대해 책임을 묻고, 사회적인 경종을 울리는 효과가 있다는 의견도 있습니다. 법에 저촉되지 않는다는 이유로 자행되던 상식과 도덕에 어긋나는

막말과 막돼먹은 행동을 혼쭐내고 앞으로 똑같은 일이 일어나지 않도록 경고할 수 있다는 주장이지요.

그렇지만 신상털이를 두둔할 수는 없습니다. 개인 정보의 악용이라는 심각한 문제가 남기 때문입니다. 생각해 봅시다. 우리는 특정 인물의 신상 정보를 임의로 사용하여 실질적인 피해를 입히고 사회적으로 매장시킬 수 있는 권리를 가지고 있을까요? 설령 그 인물이 명백한 잘못을 저질렀다고 하더라도, 아무리 정보의 바다라고 불리는 인터넷에서 쉽게 얻을 수 있는 정보라고 해도, 무차별적인 사이버 테러로 단죄할 권리는 그 누구에게도 없지 않을까요? 무엇보다 이러한 신상털이는 범죄 행위입니다.

더군다나 인터넷상의 부정확한 정보로 인해 사건과 아무 관련 없는 사람이 신상털이의 표적이 되는 경우도 많습니다. 아무런 잘못을 저지르지 않은 사람이 하루아침에 죄인이 되어 심적 고통을 당하는 일이 벌어지지요. 또한 그 가족과 지인까지 피해를 입기도 합니다. 특히 최근에는 SNS가 보편화되면서 그 어느 때보다 개인의 신상 정보 및 사적인 기록에 접근하기 쉬워졌습니다. 그만큼 신상털이를 비롯한 사이버 테러에 노출될 확률이 높아진 셈이지요.

페이스북의 감정 실험

지난 2012년, 글로벌 SNS 업체 페이스북은 비밀리에 한 가지 실험을 진행했습니다. 실험 기간은 일주일, 실험 대상은 페이스북 사용자 70여 만 명인 규모가 큰 실험이었습니다. 실험의 주요 내용은 페이스북 사용자의 뉴스피드를 통해 긍정적이거나 부정적인 감정의 전염 여부를 조사하는 것이었지요. 실험 방법은 간단했습니다. 실험 대상이 되는 페이스북 사용자의 **뉴스피드**에 올라오는 긍정적인 게시물과 부정적인 게시물을 임의로 조작하여 사용자들이 게시물에 어떤 감정적 반응을 보이는지 관찰한 것입니다. 그 결과, 페이스북은 긍정적인 단어가 많이 들어간 게시물에는 사용자들이 긍정적인 반응을 보이며 '좋아요'를 많이 누른 반면, 부정적인 단어가 많이 들어간 게시물에는 부정적인 반응 또는 무반응을 보인다는 사실을 알아냈습니다.

이른바 '감정 실험'이라 불리는 페이스북의 실험은 〈소셜네트워크를 통한 대규모 감정 전염에 대한 실험적 증거(Experimental evidence of massive-scale emotional contagion through social networks)〉라는 논문이 발표되면서 세상에 알려졌는데요. 이 논문은 발표되자마자 여론의 뭇매를 맞았습니다. 그 이유는 세 가지입니다. 첫째는 페이스북의 '감정 실험'이 페이스북 사용자들 몰래 진행되었다는 점이고, 둘째는 페이스북 사용자들의 뉴스피드를 고의적으로 긍정적이거나 부정적으로 조작했다는 점이고요. 마지막으로 페이스북 사용자들의 반응을 은밀히 관찰한 데이터를 임의로 수집하고 활용했다는 점입니다. 이 세 가지의 공통점은 페이스북 사용자들에게 동의를 구하지 않았다는 것입니다. 동의를 구하지 않고 임의로 실험을 진행했으며 사용자들의 감정을 멋대로 조작함으로써 페이스북 사용자들을 일개 실험용 쥐로 전락시켰다는 비난에 휩싸였지요.

페이스북의 감정 실험은 기업 윤리적인 차원에서 큰 파문을 불러일으켰는데요. 페이스북 측에서는 실험의 목적을 페이스북 콘텐츠 서비스의 품질 향상이라고 밝혔습니다. 그러나 아무리 좋은 의도라고 해도 70만 명에 이르는 페이스북 사용자의 데이터를 기업이 멋대로 수집하고 활용할 권한은 없습니다. 따라서 페이스북의 감정 실험은 결코 윤리적인 정당성을 확보할 수 없으며 비난받아 마땅합니다. 더군다나 감정 실험의 결과는 사람들이 의도적으로 조작된 마케팅에 이리저리 휘둘릴 가능성을 증명하면서 더 큰 문제가 되었습니다.

만약 페이스북이 감정 실험의 결과를 논문으로 발표하지 않았더라면 어땠을까요? 내부 마케팅 자료로만 활용했다면요? 70여 만 명에 이르는 페이스북 사용자는 자신들이 실험 대상이 된 줄도, 페이스북의 마케팅을

페이스북은 동의를 받지 않고 이용자의 데이터를 활용한 연구를 진행해 사회적인 비난에 직면해야 했다.

위한 빅데이터로 활용된 줄도 몰랐겠지요. 페이스북의 감정 실험이 진짜 무서운 이유는 바로 여기에 있습니다.

수많은 사용자의 데이터를 보유한 글로벌 기업이 수십만, 수백만 명의 빅데이터를 수집하여 정치적 목적에 이용한다면 어떻게 될까요? 우리는 우리도 모르는 사이에 조작된 정보를 접하면서 거짓을 진실로, 진실을 거짓으로 착각하게 될지도 모릅니다. 또한, 기업의 의도적인 심리 조작 마케팅에 휘둘려 기업의 돈벌이 도구로 전락하게 될 수도 있지요. 생각만으로도 소름이 끼치지 않나요?

인물탐구 **마크 엘리엇 주커버그(Mark Elliot Zuckerberg)**

마크 주커버그는 세계 최대 SNS인 페이스북의 창립자다. 2003년 페이스매시(Facemash)란 이름으로, 하버드 대학교 학생들만 이용할 수 있도록 시작된 서비스가 페이스북의 시초다. 마크 주커버그는 페이스북의 성공으로 세계 억만장자 대열에 이름을 올렸다. 대중 잡지인 《배니티 페어》가 2010년에 선정한 '정보화 시대에 가장 영향력 있는 인물' 1위에 마크 주커버그를 선정했다. 같은 해 《타임》이 뽑은 '올해의 인물'에도 선정됐다.

빅데이터의 한계

인류가 빅데이터를 통해 훨씬 정교한 분석과 높은 예측 능력을 갖추게 된 것은 사실입니다. 하지만 빅데이터 기술이 100퍼센트 완벽한 것은 아닙니다. 빅데이터 분석의 결과는 주로 숫자로 표현됩니다. 빅데이터의 분석 결과는 대개 '일어날 확률 몇 퍼센트', 'A와 B의 비율이 X:Y일 때 가장 효율적' 등으로 표현되지요. 그런데 이 세상 모든 일이 숫자로 해결되는 것은 아닙니다. 숫자에만 집착하다 보면 자칫 문제의 본질을 놓치는 치명적인 실수를 합니다.

미국의 국방장관을 지낸 로버트 맥나마라는 '수리(數理)의 천재'라는 수식어가 따라 붙을 정도로 수학에 뛰어난 인물이었습니다. 맥나마라는 데이터를 바탕으로 통계를 정밀하게 분석하면 복잡한 상황을 쉽게 해결할 수 있으며, 더 올바른 선택을 할 수 있다고 믿었습니다. 실제로 맥나마라는 데이터를 통해 많은 성과를 냈습니다. 그는 제2차 세계 대전 중에 군대의 군비 조달을 효율적으로 하기 위해 데이터를 이용했고, 1943년 한 해에만 36억 달러를 절약하는 엄청난 성과를 거두었습니다. 맥나마라는 군 조직을 잘 몰랐지만 데이터 분석을 통해 얻은 숫자를 잘 활용한 덕분에 군 조직과 군 자원을 효율적으로 운영할 수 있었지요.

맥나마라의 활약은 여기서 끝이 아니었습니다. 제2차 세계 대전이 끝난 1946년, 맥나마라는 포드 자동차사에 입사했습니다. 당시 포드 자동차사는 경영 위기에 처해 있었는데요. 맥나마라는 데이터 분석에 근거한 수치를 통해 회사를 회생시키는 데 성공합니다. 그 덕분에 초고속 승진을 거듭하여 1960년, 마침내 맥나마라는 포드사의 대표가 됐습니다. 포

로버트 맥나마라는 제2차 세계 대전 때 데이터를 활용한 전략을 세웠다. 그는 데이터 분석을 통해 군 조직과 군 자원을 효율적으로 관리할 수 있었다.

드 가문이 아닌 사람이 포드사의 대표가 된 경우는 맥나마라가 처음이었습니다. 더군다나 맥나라마는 자동차 제작에 관해서는 거의 알지 못했습니다. 제2차 세계 대전 때와 마찬가지로 데이터에 입각한 통계 수치로 회사를 경영 위기에서 구해내고, 끝내 최고 결정권자의 자리에 오른 것입니다.

　그러나 빛이 있으면 그림자도 있기 마련입니다. 부작용도 나타났는데요. 당시 맥나마라는 공장이나 시장의 상황을 전혀 고려하지 않은 채 데이터 수치만으로 회사를 경영했습니다. 공장 관리자들에게 생산 목표량을 수치로 제시하면 공장 관리자들은 무조건 그 수치에 맞춰야만 했지요.

그 수치가 맞든 틀리든 상관없었습니다. 수치 자체가 목표가 되어 버렸으니까요. 그래서 멀쩡한 부품을 강에 버리는 일이 발생하기도 했습니다. 공장 사람들은 버려진 부품 위로 걸어서 강을 건널 수 있다는 농담을 할 정도였습니다. 하지만 맥나마라는 그런 일을 전혀 알지 못했습니다. 데이터 분석을 통해 나온 수치만 보았기 때문입니다.

맥나마라가 국방 장관으로 재임했던 1960년대 초에도 비슷한 부작용이 나타났습니다. 베트남에 전쟁의 긴장감이 고조되던 시기였습니다. 맥나마라는 어김없이 가능한 모든 데이터를 수집하도록 지시했지요. 그렇게 수집된 데이터를 통해 나온 숫자 가운데 맥나마라를 사로잡은 것은 바로 '사망자 수'였습니다. 맥나마라는 전쟁 상황을 사망자 수를 통해 파악했고, 날마다 베트콩 사망자 수를 발표했습니다. 전쟁 경험이 많은 미국 장군들 중 98퍼센트는 사망자 수가 전쟁 상황을 측정하는 타당한 기준이 아니라고 말했지만, 맥나마라는 전혀 귀담아 듣지 않았습니다. 상황이 이렇다 보니 사망자 수는 걸핏하면 과장되기 일쑤였습니다. 전쟁터에 있는

생각해 보기

베트남 전쟁을 지지하는 이들에게 베트콩 사망자 수는 전쟁을 승리로 이끌고 있다는 증거였다. 하지만 전쟁 반대자들에게 사망자 수는 부도덕의 증거였다. 동일한 데이터 수치를 두고도 자신이 원하는 바에 따라 해석이 달라질 수 있는 것이다. 이처럼 데이터를 다루는 사람에 따라 데이터 분석의 결과는 전혀 다를 수 있다.

지휘관들은 맥나마라가 원하는 숫자를 제시해야 했으니까요.

맥나마라와 데이터 이야기는 데이터 분석의 한계를 단적으로 보여 주는 사례입니다. 물론 데이터는 분명 우리에게 많은 이득을 안겨줄 수 있습니다. 하지만 데이터가 보여주는 결과 자체에만 너무 집착하다 보면 본질을 놓칠 위험이 있습니다. 빅데이터도 마찬가지입니다. 빅데이터 분석 결과가 보여주는 수치보다는 목적에 맞게 빅데이터를 다루고 활용하는 일이 더욱 중요합니다.

빅데이터와 확률 그리고 처벌

과거 동독의 국가보안부 비밀경찰이었던 **슈타지**(Stasi)는 독일이 통일되기 전까지 약 40년 동안 수백만 명의 사람을 감시했습니다. 수십만 명의 인력을 고용해 평범한 사람들을 일상적으로 감시하고 전화를 도청했지요. 개인들끼리도 서로 감시하게 만들어 놓았습니다. 전형적인 빅브러더의 행태였습니다.

오늘날 많은 사람들이 슈타지의 감시 행동을 옳다고 생각하지 않습니다. 개인의 자유를 침해하는 일이 얼마나 부당한 일인지 잘 알고 있으니까요. 허나 빅데이터 시대에는 큰 힘을 들이지 않고도 슈타지보다 더 강력한 감시가 가능합니다.

오늘날에는 범죄 예측에 빅데이터가 활용되면서 사생활 침해에 대한 우려가 더 커졌습니다. 미국의 경우, 이미 여러 주에서 빅데이터 분석을 통해 범죄율을 낮추고자 노력하고 있습니다. 실제로 테네시 주 멤피스 시에서는 빅데이터를 통해 강력 범죄와 재산 범죄의 발생률을 25

퍼센트 가까이 낮추었습니다. 이곳에서는 빅데이터를 이용해 범죄 발생 패턴을 분석하는 시스템, '블루 크러쉬(CRUSH: Crime Reduction Utilizing Statistical History)'를 이용하고 있습니다. 블루 크러쉬는 지금까지 발생한 범죄 패턴을 분석해서 요일, 시간, 날씨, 장소 등 다양한 조건에 따라 범죄가 발생할 가능성이 가장 높은 지역을 찾아줍니다. 멤피스 시는 블루 크러쉬의 분석 결과를 이용하여 그때그때 경찰관의 배치를 결정합니다. 범죄 발생 가능성이 높은 지역에 경찰관을 집중 배치하여 범죄 예방 및 치안 효율성을 높이는 셈이지요. 멤피스 시는 블루 크러쉬를 이용하고 난 뒤로 범죄율이 감소했다고 말합니다. 하지만 정말 블루 크러쉬 덕

빅데이터를 활용한 범죄 예방 시스템이 범죄 문제를 해결해 준다는 믿음이 확산되고 있다. 그러나 범죄 예방 시스템에만 전적으로 의지할 경우 또 다른 사회 문제가 생겨날 수 있다.

분에 범죄율이 감소하였는지는 명확히 밝혀진 바가 없습니다. 블루 크러쉬와 범죄율 감소의 인과관계 연구가 아직 이루어지지 않았거든요. 하지만 많은 사람이 블루 크러쉬 덕분에 치안이 좋아졌다고 생각합니다.

빅데이터를 활용한 범죄 예방 시스템의 맹점

하지만 이러한 범죄 예방 시스템들은 커다란 맹점을 가지고 있습니다. 바로 완벽하지 않은 예측이라는 점입니다. 빅데이터 분석을 비롯한 모든 데이터 분석은 확률을 기반으로 예측할 뿐입니다. 다시 말해 100퍼센트 정확한 것이 아니라는 의미입니다.

실제로 미국 국토안보부에서 진행하는 연구 프로젝트인 FAST(Future Attribute Screening Technology)는 잠재적 테러리스트를 식별할 목적으로 진행되고 있습니다. 개인의 신체 신호, 행동, 기타 생리학적 패턴 등을 모니터해 테러리스트를 판별해 내는 연구지요. 테러리스트는 분명히 자국민의 안전을 위협하는 존재입니다. 가능하다면 예방을 통해 테러가 일어나지 않도록 해야 합니다. 그러나 현재 FAST의 정확도는 약 70퍼센트에 불과합니다. 다시 말해 테러범이 아닌 30퍼센트의 사람을 테러범이라고 오인하는 셈입니다.

예측 시스템이 아무리 발전한대도 100퍼센트 정확한 예측을 실현할 수는 없습니다. 만약 빅데이터 시스템을 이용해 90퍼센트 정확도로 테러범을 골라낼 수 있다고 해봅시다. 이 기술로 90명의 테러리스트를 잡을 수 있을지는 모르지요. 하지만 10명의 무고한 사람들이 범죄자 꼬리표를 달고 상상할 수도 없는 고통 속에서 살아가게 됩니다. 과연 90퍼센트의 테러범을 잡아들이기 위해 10퍼센트의 무고한 사람을 고통 속으로 밀어 넣어도 괜찮은 걸까요? 만약 그 10퍼센트에 여러분 자신이 속한다면 어떤 생각이 들 것 같나요?

범죄가 발생하기 전에 범죄를 예방한다는 이야기는 아주 매력적으로 들립니다. 범죄가 일어난 후에는 크던 작던 피해자가 발생하니까요. 범죄 예측 및 예방 시스템이 범죄를 미리 막을 수만 있다면 많은 사람이 크게 환영할 테지요. 그러나 자신이 그 범죄 예측 시스템의 희생자가 될 수도 있다면 어떨까요? 아마 백이면 백, 고개를 설레설레 저으며 범죄 예측 및 예방 시스템을 반대하겠지요. 이처럼 미래를 예측하는 일에는 참으로 다양한 가능성이 있기 때문에 새로운 기술의 적용이 섣불리 이루어져서는 안 됩니다.

간추려 보기

- 잊힐 권리란 정보 주체가 온라인상 자신과 관련된 모든 정보에 대한 삭제 및 확산 방지를 요구할 수 있는 자기결정권 및 통제 권리를 뜻한다.
- 빅데이터 분석을 비롯한 모든 데이터 분석은 확률을 기반으로 한다. 이는 빅데이터 분석이 100퍼센트 정확하지 않다는 의미다. 따라서 빅데이터 기술을 일상생활에 도입할 때에는 문제점은 없는지 신중하게 고려한 뒤 도입해야 한다.

6

빅데이터와 미래

흔히 빅데이터는 앞으로 엄청난 가치를 창출할 수 있는 '데이터 금맥'으로 통합니다. 빅데이터 활용을 통해 얻을 수 있는 경제적 이익이 큰 만큼 세계 여러 나라는 빅데이터 연구를 위해 과감한 투자를 아끼지 않고 있지요. 그럼에도 여전히 빅데이터 산업이 활성화되지 못하는 나라가 많습니다. 그 이유는 무엇일까요?

빅데이터는

진정으로 가치 있는 정보를 얻기 위해 부단히 데이터를 수집하고 분석해야 한다는 점에서 '보석'과 같습니다. 누구나 보석을 차지할 수는 없지요. 가치 있는 것을 얻기 위해서는 그만한 준비와 노력이 필요합니다. 빅데이터 시대를 맞이하는 일 역시 마찬가지입니다. 이미 우리는 데이터와 정보가 힘과 경쟁력이 된 시대를 살고 있습니다. 빅데이터 시대에는 이러한 경쟁이 더욱 심화될 것입니다. 과연 이처럼 치열한 데이터 경쟁의 시대에 꿋꿋이 살아남기 위해서는 어떠한 준비와 노력이 필요할까요? 또한 경쟁 이외에 우리가 간과해서는 안 될 가치에는 무엇이 있을까요?

빅데이터 시대를 위한 준비

바야흐로 현대는 빅데이터의 시대입니다. 앞으로 다가올 미래에는 빅데이터 기술과 우리 생활을 떼어 놓고 생각하기 힘들 것입니다. 빅데이터의 시대라는 말이 무색하지 않으려면 미래를 대비한 철저한 준비가 이루어져야 할 것입니다. 그렇다면 과연 어떤 준비가 이루어져야 할까요?

우선 데이터를 최대한 많이 공유할 수 있는 사회 시스템이 있어야 합니다. 내가 가진 데이터와 남이 가진 데이터를 자유롭게 사고팔거나 공유할 수 있어야 하지요. 그러기 위해서는 정보 보호, 데이터 보안 등과 같은 믿을 수 있는 시스템이 필수적입니다. 빅데이터 시대에 더 많은 데이터를 가지는 것은 더 넓은 시야를 갖는다는 의미입니다. 더 넓은 시야를 통해 평범한 데이터를 가치 있는 데이터로 조합해 낼 수 있는 힘을 길러야 합니다. 마치 게임에서 아이템을 조합해 더욱 뛰어난 아이템을 만들어 내듯이 말이지요.

질 좋은 데이터가 아무리 많아도 분석하지 못한다면 소용없습니다. 데이터 분석의 핵심은 '사람'이지요. 빅데이터를 분석해 낼 데이터 사이언티스트가 없다면 빅데이터는 빛을 잃게 됩니다. 데이터 사이언티스트는 다양한 빅데이터 기술을 활용해 의미 있는 인사이트(Insight)를 이끌어 낼 수 있습니다. 정확하게 분석된 정보는 우리가 사는 세상을 더 가치 있는 방향으로 이끄는 데 결정적 역할을 합니다. 반면, 잘못된 분석 결과는 오히려 세상을 혼란스럽게 할 수도 있지요. 그래서 데이터 사이언티스트의 역할이 매우 중요합니다. 빅데이터 시대의 경쟁력은 얼마나 뛰어난 데이터 사이언티스트를 많이 보유하고 있느냐에 달려 있다고 해도 무방할 정도입니다.

마지막으로 빅데이터 분석의 결과가 적절한 타이밍에 적용될 수 있어야 합니다. 빅데이터의 결과를 받아들여 적용하는 시간이 빨라야 한다는 뜻이지요. 기껏 분석을 잘해서 결과를 얻어냈다고 한들, 결과를 적절한 타이밍에 신속하게 반영하지 않는다면 아무 소용이 없습니다. 뒤늦은 대응은 빠르게 변하는 빅데이터 시대에 뒤처지는 결과를 가져오게 되지요.

앞으로 다가올 미래에는 빅데이터와 일상을 떼어 놓고 생각할 수 없을 것이다. 미래를 대비한 철저한 준비가 필요한 시점이다.

빅데이터와 규제

흔히 빅데이터는 앞으로 엄청난 가치를 창출할 수 있는 '데이터 금맥'으로 통합니다. 빅데이터 활용을 통해 얻을 수 있는 경제적 이익이 큰 만큼 세계 여러 나라는 빅데이터 연구를 위해 과감한 투자를 아끼지 않고 있지요. 그럼에도 여전히 빅데이터 산업이 활성화되지 못하는 나라가 많습니다. 그 이유는 무엇일까요? 바로 빅데이터 시스템을 운용할 사회적 시스템의 부재 때문입니다.

빅데이터 산업에서 적극적인 연구 개발이나 천문학적인 금액 투자보다 더 중요한 것은 법과 제도 같은 사회적 시스템입니다. 빅데이터를 제대로 활용하려면 불특정 다수의 개인 데이터를 활용해야 합니다. 재화를 판매하고 서비스를 제공하는 일도 결국 소비자 개인의 성향과 기호를 빠르게 파악해야 가능하지요. 따라서 개인 정보를 얼마나 많이, 잘 활용할 수 있느냐가 곧 빅데이터 시대의 경쟁력이 될 것입니다.

하지만 빅데이터 분석의 경쟁력을 높이자는 이유로 기업이나 단체 등이 개인 정보를 마음대로 사용하게 허락해야 할까요? 개인 정보가 돌고 돌면 원치 않는 텔레마케팅의 대상이 될 수도 있고, 사생활 침해나 금융 사기와 같은 피해를 입을 수도 있습니다. 이와 같은 피해를 최소화하려면, 개인 정보를 보호하기 위한 제도적 장치는 필수적입니다. 특히 이용자의 익명성을 보장하는 제도와 이를 뒷받침할 수 있는 기술력이 필요합니다. 물론 데이터를 이용하는 주체인 개인들 역시 자신의 개인 정보를 꼼꼼히 관리해야 하겠지요.

빅데이터와 보안

안타깝게도 개인 정보 공개의 적절한 수준은 아직까지 논의의 대상입니다. 일부 기업들은 현재 우리나라의 법규(개인정보보호법) 안에서는 빅데이터를 제대로 활용하기 힘든 실정이라고 주장합니다. 개인 정보 관련 법규가 지나치게 강하다고 토로하지요. 그렇다고 관련 법규를 쉽사리 풀어줄 수는 없습니다. 규제 완화 시에 나타날 수 있는 부작용이 너무나도 많은데다 부작용을 해소할 수 있는 방책이 아직 마련되지 않았거든요.

개인들도 개인 정보에 대해 모순되는 인식을 가지고 있습니다. 지난 2014년 1월 한 신용 카드 회사가 해킹을 당해 대규모로 개인 정보가 유출된 사건이 있었습니다. 물론 그전에도 개인 정보 유출 사건이 존재했지만, 이 사건에는 카드 번호, 계좌 번호 등 민감한 금융 정보가 포함되어 있어 그 파장이 어마어마했습니다. 이 사건으로 인해 전 국민이 개인 정보 유출에 극도의 두려움을 갖게 되었지요. 실제로 신용 카드사 개인 정보 유출 사건 이후 스팸과 **스미싱** 등으로 경제적 · 정신적 피해를 입은 사람이 증가하는 등 부작용이 나타났고요. 사람들은 개인 정보 보안 문제에 민감하게 반응하기 시작했습니다.

그런데 참으로 모순되게도 일부 사람들은 정체를 알 수 없는 경품 이벤트 등에 자신의 개인 정보를 아무렇지 않게 쓰는 모습을 보이기도 합

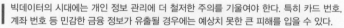

빅데이터의 시대에는 개인 정보 관리에 더 철저한 주의를 기울여야 한다. 특히 카드 번호, 계좌 번호 등 민감한 금융 정보가 유출될 경우에는 예상치 못한 큰 피해를 입을 수 있다.

니다. 그렇게 스스로 개인 정보를 건네주고 그 뒤에 오는 마케팅 전화나 메시지에는 화를 내기도 합니다. 이처럼 기업의 개인 정보 유출에는 극도로 민감하게 반응하지만 정작 본인의 개인 정보 보안에는 별로 신경을 쓰지 않는 이중적인 태도 역시 문제입니다.

개인 정보 침해 문제의 해결

현실적으로 온갖 데이터가 난무하는 빅데이터의 시대에 개인 정보 침해 문제가 쉽사리 해결되기는 힘듭니다. 기술적인 한계가 분명히 존재하거든요. 다양한 보안 기술 개발도 중요하지만, 무엇보다 개인 스스로 자신의 정보가 어디에 어떻게 사용되는지 잘 알아보고 공개 여부를 결정하는 현명함이 필요하지요. 이 현명함이 우리의 개인 정보를 다 지켜낼 수 없다고 해도 말입니다. 특히 개인 정보를 공개함에 있어 가장 중요시해야 할 부분은 바로 익명성 보장입니다. 아무리 데이터가 무분별하게 공유된다 하더라도 누구인지 유추할 수 없다면 개인 정보 유출에 따른 피해를 예방할 수 있거든요. 따라서 이 문제를 해결하려면 익명성을 보장할 수 있는 기술을 개발하는 사회적 노력과 함께 정보의 주체인 개인들이 자신의 정보를 보호하려는 노력을 기울여야 합니다.

사실 빅데이터 기술의 규제는 사회 전체가 논의하고 결정해야 할 문제입니다. 개인이 해결할 수 없는 문제이지요. 더욱이 정부나 기업 같은 힘 있는 집단이 자신들의 이득만을 고려해 규제를 결정하는 일이 발생할 수도 있어요. 그렇기 때문에 규제 문제를 둘러싼 사회적인 감시와 논의는 꼭 필요한 일입니다. 중요한 사실은 우리 모두가 개인 정보를 가진 논

익명성이 대안일까?

빅데이터 분석의 정확도를 높이고 활용 가치를 극대화하기 위해서는 많은 사람들의 개인 정보를 모아야 한다. 더 많은 정보를 모을수록 빅데이터 분석의 신뢰도가 커진다. 그래서 빅데이터 업체들은 나이, 성별, 구매 기록, 구매 성향 등의 개인 정보를 최대한 많이 수집하려고 한다. 그런데 최근 사생활 침해를 이유로 개인 정보 수집에 대한 우려의 목소리가 커졌다. 문제가 불거지자 빅데이터 업체들도 대안을 찾기 위해 힘쓰고 있는데, 그렇게 해서 등장한 해결책 중 하나가 바로 개인 정보의 익명화 방안이다. 이를테면 정보를 익명으로 처리하면 개인 정보 유출을 크게 줄일 수 있다는 것이다. 과연 그럴까?

최근 미국 MIT 미디어랩 연구팀은 '빅데이터에서 이름, 주소, 전화번호 등을 제거하더라도 익명성을 보장하기에는 턱없이 모자라다.'는 주장을 담은 논문을 발표했다. 연구팀은 익명 처리된 1,100만 명의 신용 카드 사용 정보를 3개월 간 추적하는 실험을 했다. 그런데 그 결과가 놀라웠다. 특정 날짜에 방문한 상점과 트위터, 페이스북 위치 정보만 파악하면 그가 누구인지 파악할 수 있을 뿐 아니라 신용 카드 사용 내역까지도 얻어낼 수 있었던 것이다. 어떤 사람이 어느 날 A라는 식당에 갔고, 그다음 날 B라는 식당에 갔다면 그 정보는 모조리 데이터화 된다. 1100만 명 중에 이렇게 특정한 구매 이력을 가진 사람은 드물기 때문에 거의 90퍼센트에 가까운 확률로 개인을 구분하는 일이 가능했던 것이다. 결국 익명성도 개인의 사생활을 보장해주지는 못하는 시대인 셈이다. 우리가 각자의 개인 정보를 어떤 사이트에 기입하지 않는다고 해서 우리의 프라이버시가 지켜지리라는 생각은 지나치게 순진한 생각인지도 모른다.

빅데이터는 우리 생활을 근본적으로 변화시킬 매우 혁신적인 기술이다. 하지만 새로운 기술이 진정한 가치를 드러내려면 무엇보다 사람을 먼저 생각해야 하는 법이다.

의 주체자라는 점입니다. 개인 정보의 보호와 활용 문제가 결국 나와 내 주변 사람들의 문제라는 점을 한시도 잊어서는 안 됩니다.

더 큰 데이터와 사람

인류 문명의 시작부터 2003년까지 생성되고 축적된 정보는 그 크기가 약 5엑사바이트(50억 기가바이트GB)였습니다. 하지만 2010년, 5엑사바이트 크기의 정보를 생성하는 데 소요된 시간은 불과 이틀이었습니다. 그만큼 데이터 생성 속도가 비약적으로 빨라진 것이지요.

그렇다면 현재는 어떨까요? 2010년과는 비교할 수 없을 만큼 빠른 속도로 많은 데이터가 생성되고 있습니다. 지금 이 순간에도 빅데이터는 무시무시한 속도로 커지고 있어요. 빅데이터가 워낙 빠르게 늘어나다 보니 오늘의 빅데이터가 내일도 빅데이터라는 보장이 없어졌지요. 4~5년 전에 '빅'데이터였던 것이 현재는 전혀 '빅'데이터가 아닙니다. 이러한 추세라면 'Big'이 아니라 'Mega'라는 더 큰 단위를 붙인 메가데이터가 탄생할지도 모릅니다.

한 가지 확실한 사실은 앞으로도 빅데이터는 계속 진화할 거라는 점입니다. 지금보다 더 크고, 더 빠르게 생성되며, 더욱 복잡하고 다양해지겠지요. 빅데이터를 분석하는 기술 또한 더 발전할 테고요.

지금까지 누차 강조했다시피 우리는 빅데이터의 활용을 통해 교통 체증, 질병 등 우리를 괴롭혀 온 많은 문제를 해결할 수 있습니다. 하지만 빠르게 증가하는 빅데이터와 이를 처리할 수 있는 빅데이터 기술만이 전부는 아니지요. 빅데이터가 알려 주는 결과가 과연 적절한지 판단하는 것은 결국 우리 사람의 몫입니다.

빅데이터를 통한 예측은 단지 분석 결과일 뿐입니다. 예측이란 것은 100퍼센트 정확하다고 말할 수 없어요. 수집된 데이터에 오류가 있을 수도 있고 누군가 의도적으로 결과를 조작할 수도 있어요. 따라서 모든 것을 빅데이터 분석에만 의존했다가는 큰 낭패를 겪을 수도 있습니다. 이러한 빅데이터의 허점을 메울 수 있는 것도 결국 우리들 사람입니다.

시간이 지날수록 빅데이터는 점점 몸집이 늘어날 테고, 그만큼 다양한 분석 결과가 나올 것입니다. 앞으로는 그 결과를 해석하고 올바르게 운용할 수 있게 돕는 사람의 역량이 더 중요해지겠지요. 빅데이터 시대를 넘어 더 큰 데이터, 메가데이터 시대가 오더라도 마찬가지입니다. 그 어떤 데이터든 원칙을 세우고, 활용을 극대화하고, 부작용을 대비하는 일련의 시스템 중심에는 바로 사람이 있다는 사실을 결코 잊어서는 안 될 것입니다.

간추려 보기

- 앞으로 다가올 미래에는 빅데이터 기술과 우리 생활을 떼어 놓고 생각 하기 힘들 것이다.
- 빅데이터는 엄청난 가치를 창출할 수 있는 '데이터 금맥'으로 통한다. 그러나 활용할 수 있는 데이터가 다양해진 만큼 개인 정보 유출이라는 사회 문제도 생겨났다.
- 빅데이터 기술의 규제는 사회 전체가 논의하고 결정해야 할 문제다. 개 인이 해결할 수 없는 문제다. 그렇기 때문에 규제 문제를 둘러싼 사회 적인 감시와 논의는 꼭 필요하다.

용어 설명

국제 인권법 인간의 기본적 권리를 보호하고 인권 증진을 목표로 하는 국제법의 한 분야다. 주로 국가 사이의 조약으로 구성된다.

뉴스피드 웹사이트 사용자에게 최신 정보를 빠르게 제공하는 데 사용되는 데이터 포맷이다. 사이트 사용자들은 뉴스피드를 통해 업데이트되는 정보를 묶어 구독할 수 있다.

데이터 마이닝 방대한 분량의 데이터 안에서 체계적인 통계 규칙이나 패턴을 찾아내는 것이다. 다른 말로는 KDD(Knowledge Discovery in Database)라고 한다.

데이터베이스 여러 사람이 공유할 목적으로 통합 관리되는 정보의 집합을 말한다. 그 내용이 고도로 구조화 되어 있어 검색과 갱신이 효율적으로 이루어진다.

로그 컴퓨터나 서버에 저장되는 사용자의 데이터 사용 기록을 말한다. 대개 시간별로 기록되며 컴퓨터를 복구하는 데 유용하다.

망막모세포종 망막에 생기는 악성 종양이다. 크기가 커지면 동공이 희게 보이는 경우도 있다. 소아에게 흔한 질병으로 대개 3세 이전에 발병한다.

메이저 리그 미국의 아메리칸 리그와 내셔널 리그를 아우르는 말로 미국 프로 야구를 가리킨다. 다른 말로는 빅리그라고도 한다. 아메리칸 리그 15개 팀, 내셔널 리그 15개 팀으로 이루어져 있다.

사이버 테러 컴퓨터 통신망 및 인터넷을 이용하여 가상의 공간에서 불특정 다수에게 피해를 입히는 행위를 말한다. 컴퓨터 해킹, 메일 폭탄 유포, 사이버 스토킹 등 다양한 종류의 사이버 테러가 있다.

슈타지 옛 동독의 정보기관. 전 국민을 감시하는 기관으로 악명 높았다. 독일 정부의 정책에 반대하는 반체제 인사를 색출하여 고문하는 등 인권 유린을 자행했다.

스미싱 문자 메시지(SMS)와 피싱(Phishing)의 합성어로 휴대 전화를 매개로 한 해킹 범죄를 뜻한다. 해커는 가짜 메시지를 보내 피해자가 확인하는 순간 악성코드가 휴대 전화에 설치되도록 만들며, 이를 이용해 피해자의 휴대 전화를 원격으로 조종하게 된다.

시리(Siri) 컴퓨터 업체 애플이 만든 스마트폰 아이폰의 음성 인식 서비스. 사용자가 음성으로 지시어를 입력하면 여러 가지 정보를 알려 준다. 연락처, 날씨, 일정 등 웹에서 검색 가능한 모든 정보를 음성으로 안내한다.

실리콘 밸리 미국 캘리포니아 주 샌프란시스코 반도 초입에 위치한 첨단 기술 연구 단지를 말한다. 반도체의 재료가 되는 실리콘과 연구 단지가 위치한 지역이 계곡(밸리)인 점 때문에 생긴 이름이다.

알고리즘 어떤 문제를 해결하기 위해 세운 규칙 및 절차를 말한다. 알고리즘은 유한한 과정으로 문제를 처리하는 규칙이다.

앱 스마트폰에서 사용하는 다양한 응용 프로그램을 통틀어 앱이라 한다. 애플리케이션(Application)의 줄임말이다.

웨어러블 컴퓨팅 옷, 시계, 안경 등 몸에 착용할 수 있는 컴퓨터 기술을 말한다. 기술이 발전함에 따라 컴퓨터가 소형화, 경량화 되었고, 그로 인해 구글 글라스, 갤럭시 워치 등의 웨어러블 컴퓨터가 개발되었다.

엑셀 다양한 도표를 자동으로 계산해서 표기해 주는 프로그램인 스프레드시트의 일종이다. 1985년 마이크로소프트사가 최초로 개발한 통합형 표 계산 소프트웨어이다.

인사이트 수집한 데이터를 기반으로 데이터를 분석하여 얻어낸 결과를 뜻한다. 우리말로 풀면 통찰력이라는 뜻이다. 통찰력이란 어떤 사물이나 사건의 이치를 꿰뚫어보는 능력이므로 데이터 분석에 있어 가장 중요한 부분이라 할 수 있다.

조지 오웰 인도에서 태어난 영국의 작가. 20세기 영문학의 주요 작가 중 하나이며《동물 농장》,《1984》등의 작품으로 유명하다.

중앙처리장치 흔히 CPU라고 부르는 컴퓨터의 부품으로 사용자의 명령을 실행하는 장치다. 외부에서 입력된 정보를 기억하고, 연산하고, 다시 출력하는 컴퓨터의 가장 중요한 기능을 담당하는 부분이다.

컴퓨터단층촬영 일명 CT(Computer Tomography)라고 불리는 의학적 화상 처리 방식의 하나다. X선을 활용해 인체 내부의 모습을 3차원 영상으로 표현하는 컴퓨터 촬영 기술이다.

텍스트 마이닝 비정형 혹은 반정형 데이터를 대상으로 한 정보 처리 과정을 말한다. 일상생활에 주로 사용되는 어휘나 구문을 추출하는 자연어 처리 기술이 대표적인 텍스트 마이닝 기술이다.

하드웨어 컴퓨터의 모든 부품을 가리키는 말이다. 중앙처리장치부터 하드 디스크, 전원 공급 장치에 이르기까지 모든 물리적인 부품을 하드웨어라고 한다.

GPS Global Positioning System의 약자로, 사용자의 위치를 데이터로 변환해 알려주는 컴퓨터 시스템이다. 미 국방부에 의해 발명되었으며 스마트폰, 내비게이션 등에 활용된다.

HTML 웹페이지 같은 온라인 문서를 만들 때 사용되는 일종의 프로그래밍 언어다. 1990년 영국의 컴퓨터 과학자인 팀 버너스 리에 의해 발명되었다. 현재 우리가 이용하는 웹페이지는 대부분 HTML 표준을 따른다.

XML 인터넷 웹페이지를 만드는 HTML을 획기적으로 개선한 컴퓨터 언어. XML로 인해 홈페이지 구축에 드는 노력이 훨씬 줄어들었다.

연표

기원전 15000년 경   프랑스 라스코 동굴에 줄거리가 있는 최초의 벽화가 기록됐다.

기원전 1250년 경   그리스 테베에 인류 최초의 도서관이 생겼다.

1686년   에드워드 할리가 바람이 지나가는 경로를 지도로 그렸다.

1768년   최신 지식을 책 한 권에 요약하려는 시도로 브리태니커 백과 사전이 출간됐다.

1877년   토마스 에디슨이 축음기를 발명하여 어떤 소리든 녹음해서 자료로 남길 수 있게 됐다.

1935년   조지 갤럽이 대중의 의식을 조사, 분석하는 갤럽여론조사 연구소를 설립했다.

1936년   앨런 튜링이 대중적으로 널리 사용될 컴퓨터의 개념을 대중에게 소개했다.

1940년	디지털 컴퓨터의 출현이 자동화된 사회를 가능하게 했으며, 그로 인해 효율성이 증대됐다.
1960년	정보들 사이의 상관관계라는 개념이 패러다임으로서 논의되기 시작하면서 하이퍼텍스트라는 용어가 등장했다.
1970년	책에 고유한 번호를 붙여 관리하는 ISBN 코드가 국제적으로 채택되어 상용화됐다.
1989년	유럽입자물리연구소의 연구자였던 팀 버너스리에 의해 월드 와이드 웹(WWW, World Wide Web)의 개념이 최초로 만들어졌다.
1994년	데이비드 파일로와 제리 양이 웹사이트 야후(YAHOO)를 열었다. 이후 야후는 인터넷 상에 산재한 데이터를 사용자의 목적에 맞게 서비스하는 최고의 웹사이트로 자리매김했다.
1996년	브루스터 케일이 인터넷 도서관인 인터넷 아카이브(Internet Archive)를 설립했다.
1998년	구글(Google)이 첫 서비스를 시작했다.

2000년대 초반	정보와 웹 기반 서비스를 일방적으로 이용하기만 하는 것이 아니라 사용자가 직접 정보와 데이터를 창조하는 웹 2.0 개념이 등장했다.
2003년	인류의 유전자 정보를 데이터로 정리하는 인간 게놈 프로젝트가 시작됐다.
2004년	마크 주커버그가 페이스북을 창립했다.
2008년	미국의 대통령 선거에서 버락 오바마가 선거에 데이터 분석을 활용해 대통령에 당선됐다.

더 알아보기

빅데이터포럼 www.kbd.or.kr
빅데이터의 생산적 활용과 부작용 방지에 대해 전문가들이 모여 논의하는
협회다. 빅데이터 관련 산업의 발전과 경쟁력 강화를 위해 구심체 역할을
하고 있다.

한국빅데이터학회 www.kbigdata.kr
개인 정보에서 공공 정보에 이르는 다양한 데이터를 분석하는 방법을 학술
적으로 연구하는 단체다. 빅데이터 분석을 활용하여 데이터의 가치를 높이
고자 하는 다양한 분석 방법을 학문적으로 접근하고 있다.

서울대학교빅데이터연구원 bigdata.snu.ac.kr
방대한 양의 빅데이터를 연결해 분석하고, 예측 모델을 생성하는 플랫폼 기술
을 주로 연구한다. 플랫폼 기술의 연구를 바탕으로 금융, 통신, 의료, 스포츠
등 사회 전반에 적용할 수 있는 응용 소프트웨어를 연구 개발하고 있다. 다양한
출처의 빅데이터 분석을 통해 국가적 난제를 해결하고, 창조 경제의 디딤돌이
될 유능한 인력을 양성하는 것이 목표다.

빅데이터아카데미 bigdata.dbguide.net
미래창조과학부 산하 빅데이터 전문가 양성을 위한 교육기관이다. 빅데이터의
수집과 관리를 주로 담당하는 빅데이터 기술 전문가 과정과 빅데이터의 분석
및 시각화를 담당하는 빅데이터 분석 전문가 과정을 나누어 교육하고 있다.

찾아보기

내인생의책은 한 권의 책을 만들 때마다
우리 아이들이 나중에 자라 이 책이 '내 인생의 책'이라고 말할 수 있는 책을 만들고자 합니다.

세상에 대하여 우리가 더 잘 알아야 할 교양
㊶ 빅데이터 빅브러더가 아닐까?

강이든 글 | 신동희 감수

초판 발행일 2015년 3월 20일 | 초판 4쇄 발행일 2018년 12월 10일
펴낸이 조기룡 | 펴낸곳 내인생의책 | 등록번호 제10-2315호
주소 서울시 서초구 나루터로 60 정원빌딩 A동 4층
전화 (02)335-0449, 335-0445(편집) | 팩스 (02)6499-1165
전자우편 bookinmylife@naver.com | 카페 http://cafe.naver.com/thebookinmylife
편집장 이은아 | 편집1팀 조정우 이다겸 이지연 김예지 | 편집2팀 박호진 이동원
디자인 안나영 김지혜 | 경영지원 김지연 김정삼

ISBN 979-11-5723-150-8 44300
ISBN 978-89-97980-77-2 44300(세트)

책값은 뒤표지에 있습니다. 잘못된 책은 구입처에서 바꾸어 드립니다.

이 도서의 국립중앙도서관 출판시도서목록(CIP)은 e-CIP 홈페이지(http://www.ml.go.kr/ecip)에서
이용하실 수 있습니다.
(CIP제어번호: 2015004910)

디베이트 월드 이슈 시리즈

세상에 대하여 우리가 더 잘 알아야 할 교양

전국사회교사모임 선생님들이 번역한 신개념 아동·청소년 인문교양서!

《디베이트 월드 이슈 시리즈 세더잘》은 우리 아이들에게 편견에 둘러싸인 세계 흐름에서 벗어나 보다 더 적확한 정보와 지식을 제공합니다. 모두가 'A는 B이다.'라고 믿는 사실이, 'A는 B만이 아니라, C나 D일 수도 있다.' 라는 것을 알려 주면서 아이들이 또 다른 진실을 발견하도록 안내합니다.

★ 전국사회교사모임 추천도서 ★ 문화체육관광부 우수교양도서 ★ 한국간행물윤리위원회 청소년 권장도서 ★ 서울시교육청 추천도서
★ 보건복지부 우수건강도서 ★ 아침독서 추천도서 ★ 대교눈높이창의독서 선정도서 ★ 학교도서관저널 추천도서

① 공정무역 ② 테러 ③ 중국 ④ 이주 ⑤ 비만 ⑥ 자본주의 ⑦ 에너지 위기 ⑧ 미디어의 힘 ⑨ 자연재해 ⑩ 성형 수술
⑪ 사형제도 ⑫ 군사 개입 ⑬ 동물실험 ⑭ 관광산업 ⑮ 인권 ⑯ 소셜 네트워크 ⑰ 프라이버시와 감시 ⑱ 낙태 ⑲ 유전
공학 ⑳ 피임 ㉑ 안락사 ㉒ 줄기세포 ㉓ 국가 정보 공개 ㉔ 국제 관계 ㉕ 적정기술 ㉖ 엔터테인먼트 산업 ㉗ 음식문맹
㉘ 정치 제도 ㉙ 리더 ㉚ 맞춤아기 ㉛ 투표와 선거 ㉜ 광고 ㉝ 해양석유시추 ㉞ 사이버 폭력 ㉟ 폭력 범죄 ㊱ 스포츠
자본 ㊲ 스포츠 윤리 ㊳ 슈퍼박테리아 ㊴ 기아 ㊵ 산업형 농업 ㊶ 빅데이터